GABRIELLA CHRISTINE DA ROCHA

PÂTISSERIE FEEL-GOOD

50 RECETTES POUR KIFFER ET MÉDITER

LEDUC

SOMMAIRE

HELLO !

Moi, c'est Gabriella. Peut-être que tu me connais du *Meilleur Pâtissier* ou d'une autre émission que j'ai faite sur la pâtisserie. Peut-être que tu ne me connais pas du tout et que tu as juste été attiré par mon livre. Quoi qu'il en soit, c'est un magnifique cadeau que tu me fais. Je me dis que tu m'accordes ta confiance pour te régaler, c'est fou… alors merci.

Avant de commencer, j'aimerais que tu comprennes comment j'ai conçu ce livre. J'aime penser que je suis une pâtissière « feel-good ». Pas de prise de tête, pas d'interminables heures passées dans ma cuisine, pas de stress, juste moi et ce que me fait ressentir la pâtisserie, c'est-à-dire un profond relâchement, une bulle de concentration où je peux me focaliser sur une seule chose : me régaler, non seulement à la fin de ma préparation, mais aussi tout au long de la recette.

On peut dire que je suis quelqu'un de nerveux, stressé, qui ne s'arrête jamais tant j'ai du mal à rester en place. Si je ne fais rien, je suis de ces personnes qui culpabilisent. Si j'en fais trop, ce n'est jamais assez… Oui, oui, comme beaucoup d'entre nous, je ne suis pas très sympa avec moi-même, mais j'apprends à être plus cool, et la pâtisserie m'aide.

D'aussi loin que je me souvienne, j'ai toujours été attirée par les gâteaux, les glaçages, le pochage et tout ce qui tourne autour de l'univers sucré. Déjà enfant, j'étais une grande gourmande et j'aimais accompagner ma mère ou ma grand-mère en cuisine. En grandissant, j'ai eu mon propre appartement et tout s'est amplifié. On m'a offert mon premier robot, de couleur rose, tellement cliché… 😅 Et en même temps, c'est exactement ce dont je rêvais ! Puis, je n'ai jamais lâché. Tout le stress de ma journée, je l'oubliais en faisant un simple cake. Quand j'étais triste, je trouvais du réconfort en faisant une tarte. Quand je voulais donner le sourire à mon entourage, je le faisais avec des cookies. Bref, la pâtisserie est devenue une thérapie, et j'ai toujours eu tendance à pâtisser en fonction de mes humeurs.

Avec le temps, j'ai eu la chance d'en faire mon métier, et le côté thérapeutique de la pâtisserie ne m'a jamais quittée.

C'est pour ça que j'écris ce livre. Toutes les recettes que tu y trouveras sont simples, gourmandes, et ont un effet « waouh ». Ah oui, cet effet est important. C'est celui qui fait grimper ta jauge de bonheur au maximum. OK, c'est bon, tu t'éclates à le faire, mais en plus, c'est beau ! Pas besoin d'être un grand pâtissier, pas de pression pour les réseaux sociaux. C'est juste toi et ton moment, juste toi qui prends ton temps pour créer avec tes mains. J'ai aussi mis un point d'honneur à ce que tu puisses tout faire avec du matériel basique, adapté à ce que tu as à la maison ou parfois sans matériel du tout. Tu pourras réutiliser une recette dans une autre, ce qui est anti-gaspi si par hasard il te reste encore de la préparation.

Ma philosophie de la pâtisserie feel-good

Pourquoi je qualifie ma pâtisserie de « feel-good » ? Parce qu'elle est simple : pas d'entremets à 50 étages, pas de techniques de pochage trop compliquées, pas de saveurs trouvables à l'autre bout du monde ou d'ustensiles qui coûtent un bras, juste des gâteaux pour nous faire du bien.

Nous nous considérons souvent comme incompétents en pâtisserie et pensons ne pas avoir le temps. J'ai envie d'aider ma communauté et toutes les personnes qui auront ce livre entre les mains à prendre ce temps et à réaliser que la satisfaction ne réside pas uniquement dans le moment de la dégustation. Elle naît également pendant la préparation. C'est un moment pour soi, où l'on peut laisser son esprit s'évader et créer son propre instant de bonheur. Mon objectif n'est pas de te former pour devenir un grand chef pâtissier, mais plutôt de t'aider à passer davantage de moments satisfaisants, que ce soit seul, en famille ou entre amis. Et qui sait ? Tu pourrais bien devenir le prochain pâtissier « feel-good » !

Tu vas te surprendre en réalisant que non, tu n'es pas nul en pâtisserie ; c'est sans doute parce que tu n'as pas encore trouvé la bonne manière de percevoir le temps passé en cuisine.

Pourquoi j'insiste sur l'effet « waouh » ?

Pourquoi je m'attarde sur l'effet « waouh » ? Ça peut être excellent sans être forcément splendide. Peut-être que tu ne ressentiras pas cet effet dès la première recette que tu feras avec moi. Il se peut même que la deuxième tentative échoue, mais considère chaque recette comme un moment pour toi, surtout pour te dépasser un peu plus à chaque fois, seul. L'effet « waouh » est crucial pour ta satisfaction personnelle ; donc, plus c'est beau, plus tu te surpasses dans ta réalisation. Une recette très simple et magnifique, c'est tout ce que j'adore.

Je te mets dans l'ambiance : je prends un moment pour moi derrière les fourneaux, avec une musique de fond, un moment calme et paisible, ou au contraire complètement déjanté ou en pleurs parce que je suis en PLS. Je pâtisse, goûte mes préparations, et déjà, je sens que je vais un peu mieux. Je suis de plus en plus satisfaite, je fais preuve de patience et j'arrive à la décoration la plus simple possible, et pourtant, c'est beau, le fameux effet « waouh » ! Que je sois déprimée ou de bonne humeur, je sais que mon moral s'améliorera en voyant mon dessert, et encore plus en le dégustant.

LEXIQUE

BEURRE NOISETTE Un beurre qui a été chauffé jusqu'à ce qu'il prenne une couleur brun doré et dégage une odeur de noisette. Il faut faire fondre le beurre dans une casserole à feu moyen, puis le laisser cuire tout en le surveillant attentivement : une fois que le beurre atteint cette couleur et cette odeur, retire-le du feu pour éviter qu'il ne brûle. Ensuite, tu peux le filtrer pour enlever les résidus.

BEURRE POMMADE Un beurre bien mou, mais pas fondu.

CAS Une cuillère à soupe.

CAC Une cuillère à café.

CHEMISER Ça consiste à tapisser l'intérieur d'un moule de papier cuisson en le graissant au préalable, pour éviter que la préparation n'adhère au moule et que le démoulage soit plus facile.

CRÉMAGE C'est lorsque l'on mélange le sucre et le beurre, jusqu'à ce que la préparation ressemble, comme son nom l'indique, à une crème.

CRISTALLISER C'est lorsque le chocolat ou un autre produit se fige sur une préparation. Je vais beaucoup utiliser cette expression.

CUIRE À BLANC Tu liras souvent ce terme, ça consiste à cuire ton fond de tarte sans garniture, en piquant la pâte et en y disposant du papier cuisson et des poids ou haricots de cuisson.

CUIRE À LA NAPPE C'est cuire jusqu'à ce que la préparation se tienne à la spatule, « nappe » la spatule. Quand tu passes ton doigt sur la spatule, la préparation reste de part et d'autre de la marque de ton doigt, elle ne colle pas, elle n'est pas liquide.

CUL-DE-POULE Plus couramment appelé « saladier » par le commun des mortels.

GLACER C'est recouvrir une tarte, un biscuit ou un entremets avec une autre préparation, un glaçage neutre, un glaçage rocher, une ganache au chocolat ou autre.

MÉLANGER INTIMEMENT Cela consiste à ajouter une petite partie d'une préparation dans une autre et à mélanger vigoureusement à l'aide d'un fouet pour que les deux préparations s'homogénéisent bien. Ensuite, il faut incorporer délicatement le reste de la préparation à l'aide d'une maryse*, afin de préserver la texture globale. Cette technique permet d'assurer une meilleure intégration des ingrédients et de maintenir la légèreté de la préparation.

MOULES À INSERT Ce sont de petits moules qu'on utilise généralement pour faire des préparations qui iront à l'intérieur d'une autre préparation, comme pour les entremets.

POINTER C'est laisser reposer la pâte à température ambiante.

SABLER C'est mélanger le beurre et la farine pour obtenir une consistance sableuse.

TAMISER Tu as dû entendre ce terme plusieurs fois. Cela consiste à passer les produits secs à travers un tamis pour obtenir une texture plus fine et homogène. Cette étape est essentielle pour garantir des préparations sans grumeaux et une meilleure incorporation des ingrédients secs dans les recettes.

TEXTURE SABLEUSE Une texture qui n'est pas homogène, qui ressemble à du sable.

TORRÉFIER C'est mettre les fruits à coque au four pour qu'ils cuisent légèrement et qu'ils dégagent tous leurs arômes ; généralement c'est à 160 °C pendant 15 minutes. Mais lorsque tu as une recette qui nécessite de préchauffer le four, mets-les directement à l'intérieur le temps que le four monte en température.

TRANCHER C'est lorsqu'une préparation se sépare en deux matières (le gras et le liquide) et donne une texture d'œufs brouillés. C'est pas le top !

Ustensiles

LE CROCHET La feuille, le fouet et le crochet sont trois accessoires de base qui accompagnent les robots pâtissiers. Le crochet est un outil que tu utiliseras pour pétrir les pâtes à brioche, à pizza ou toute pâte qui doit lever. Il est particulièrement utile pour les mélanges denses.

LA FEUILLE Celle-ci est utile pour les pâtes comme les pâtes à tarte ou les préparations dans lesquelles il faut éviter d'intégrer de l'air.

LA MARYSE La maryse est une spatule plate et généralement en plastique ; finalement elle peut prendre le rôle de ta meilleure copine pour ces moments que tu vas passer avec toi-même en cuisine : tu pourras tout lui dire, promis c'est une tombe.

LE TAMIS Instrument qui sert à passer et à séparer les éléments d'un mélange.

Allez, ZÉPARTIIIII !

MES CONSEILS

Pour te faire plaisir le plus souvent possible, j'ai quelques conseils qui t'aideront à préparer des gâteaux, des tartes et des pâtisseries plus fréquemment, ainsi que des astuces pour réussir tes créations.

1 **Lorsque tu fais des pâtes pour les tartes,** qu'il s'agisse de pâte sucrée ou sablée, je te conseille d'en préparer une plus grande quantité et de congeler ce que tu n'utilises pas. De cette façon, tu n'auras pas besoin de refaire la recette à chaque fois. Il te suffira de sortir la pâte du congélateur pour te préparer une tarte en un rien de temps. Tu sais combien j'aime les tartes, alors si je peux te donner un maximum de conseils pour que toi aussi tu puisses en manger plein, je suis raviiiiie !

2 **Lorsque tu achètes des noix,** surtout si c'est en grande quantité, torréfie-les* en une seule fois et place-les dans un bocal : les noix torréfiées, c'est toujours meilleur, et tu auras dans toutes les recettes besoin de les torréfier, alors gagne du temps. 😉

3 **Pour beaucoup de mes recettes, tu auras besoin d'un « sirop » :** tu peux aussi le faire en grosse quantité pour gagner du temps pour les autres préparations. Conserve-le tout simplement au frais, jusqu'à 3 mois maximum. Tu peux ajouter des zestes de citron ou d'orange, de l'anis ou des bâtons de cannelle.

4 **Dans les ingrédients, tu auras souvent des gousses de vanille :** ne les jette pas après les avoir grattées, garde-les pour qu'elles sèchent, tu pourras les mixer pour en faire une poudre de vanille.

5 **Tu peux faire les pâtes à tarte au mixeur** pour gagner du temps.

6 **N'oublie jamais de ne pas trop travailler les pâtes à tarte** lorsque tu ajoutes la farine. Plus tu pétris la pâte et plus elle sera élastique, donc arrête de mélanger une fois la farine incorporée.

7 **Pour cuire des tartes, des pavlovas, des biscuits ou des choux,** tu peux le faire sur une feuille de papier cuisson, un tapis en silicone ou, le mieux du mieux, le best, un tapis Silpain (mais c'est un peu cher, donc fais en sorte de le rentabiliser avec toutes les recettes du livre 🙂).

8 **Ne va pas trop vite,** n'essaie pas de brûler les étapes.

9 **Lis bien la recette en entier** avant de te lancer, cela te permettra d'être préparé au mieux.

10 **Visualise ce que tu veux réaliser** et comment tu veux le réaliser.

11 **N'essaie pas de plaire à quelqu'un,** sauf à toi-même.

12 **Ne te dis pas que tu dois réussir pour le montrer sur les réseaux sociaux.** Les échecs, c'est tout aussi bien. Après tout, les réseaux sociaux, ce n'est pas la vraie vie. Alors, pas de pression et tente de t'impressionner toi-même, c'est le plus important.

13 **N'hésite pas à lire les introductions des recettes,** je te raconte comment je ressens la plupart des recettes, mais également les petites erreurs que j'ai remarquées pendant la réalisation et ce que tu peux éviter.

14 **Pense toujours que le four doit être préchauffé** en début de recette. Si tu es impatient c'est le meilleur des conseils, garde-le précieusement. 😅

15 **N'hésite pas à transformer mes recettes** selon tes envies, fais-toi plaisir !

16 **S'il y a souvent de la fleur de sel dans mes recettes,** c'est parce que j'adore en mettre partout, c'est un exhausteur de goût. 😉

Conseils pour les sans-gluten

- Si tu es intolérant au gluten, tu peux le remplacer dans toutes les recettes par des farines sans gluten, comme les farines de chanvre, châtaigne, coco, lentille, lupin, maïs, manioc, pois chiche, quinoa, riz, soja ou sarrasin.

- Évite de remplacer la farine de blé par une seule farine, pour une question de goût, mais aussi pour avoir une texture qui se rapproche au mieux de la farine de blé.

  Par exemple : 500 g de farine =
  250 g de farine de riz +
  250 g de farine de maïs

Conseils pour les sans-lactose

Tu peux remplacer le lait, la crème et le beurre par des produits végétaux.

Selon les recettes, le beurre peut être également remplacé par :

- certains fruits et légumes, comme l'avocat, la banane, la courgette ou encore la patate douce ;
- la compote de pomme ;
- le fromage blanc (pas à 0 % de matière grasse) ;
- la purée d'amande ;
- la margarine ;
- l'huile végétale.

Aie toujours conscience que la texture sera différente selon ce que tu choisis.

BOM DIA

PLAYLIST

Tribalistas - « Velha Infância »

The Jackson Five - « I Want You Back »

Teddy Swims - « Apple Juice »

Nao ft. 6LACK - « If You Ever »

DJ Habibeats ft. Dystinct - « WALA »

J'ai toujours été fan des petits déjeuners, surtout ceux des hôtels. Même après un événement, tu peux être sûr que s'il y a un buffet de petit déjeuner à l'hôtel, je me réveillerai tôt pour en profiter. Le week-end ou pendant les vacances, c'est aussi la raison pour laquelle je me réveille de bonne humeur.

Mon truc vraiment préféré, vraiment ça c'est mon kiff absolu : dimanche grasse mat, brunch de qualité et sieste devant un film. 😂

En semaine, je n'ai souvent le temps que de boire un café avant de filer au boulot. Mais à chaque jour de repos, c'est un véritable plaisir de savourer un bon petit déjeuner.

Si je suis fan des petits déjeuners salés, je vais surtout partager avec toi mes recettes sucrées qui vont te permettre de te régaler, j'en suis certaine ! Les petits déjeuners sucrés sont pour moi une véritable source de bonheur et de réconfort. Ils me permettent de commencer la journée du bon pied, le sourire aux lèvres.

Alors, c'est parti pour te présenter mes pépites feel-good du matin. Que ce soit des pancakes moelleux, des barres gourmandes ou des jus vitaminés, ces recettes sont conçues pour apporter une touche de douceur et de joie à ton début de journée. Profite de chaque bouchée et laisse-toi transporter par ces délices matinaux !

GENTE

Feel-good +	*8* barres	***20 min*** de kiff ***20-25 min*** de chaleur	1 cadre ***carré*** ou des emporte-pièces ***rectangulaires*** ou ***longs***, c'est déjà pas mal

MES BARRES DE CÉRÉALES

Indispensables pour emporter la bonne humeur avec toi ! Voici une petite anecdote : j'ai sauvé ma place au *Meilleur Pâtissier* avec une recette de tarte aux fraises à base de barres de céréales très atypiques. Je l'ai retravaillée spécialement pour toi !

POUR LES BARRES DE CÉRÉALES :

- **50 g** d'amandes
- **35 g** de beurre
- **70 g** de miel ou de sirop d'agave (tu peux même faire un 50/50 des deux si tu préfères, ou selon ce que tu as dans tes placards)
- **60 g** de cranberries séchés
- **20 g** de noix de coco râpée
- **110 g** de flocons d'avoine
- **1 CAC** de poudre de vanille ou de vanille liquide
- **Fleur de sel**

POUR LE NAPPAGE :

- **200 g** de chocolat blanc
- **30 g** d'huile de pépins de raisin (facultatif, c'est surtout pour que le chocolat soit plus fluide)

LES BARRES DE CÉRÉALES :

* Pour commencer, préchauffe le four à 175 °C.

* Torréfie* les amandes pendant que le four chauffe : 15 minutes c'est parfait.

* Fais chauffer le beurre et le miel jusqu'à obtenir un sirop.

* Coupe les amandes et coupe les cranberries.

* Mélange les amandes, les cranberries, la noix de coco râpée, les flocons d'avoine, la poudre de vanille et la fleur de sel.

* Ajoute ensuite le sirop miel-beurre, mélange bien avant de tout placer dans un emporte-pièce carré (tu pourras y couper des rectangles après cuisson) ou dans des emporte-pièces à ta disposition.

* Pour terminer, mets le tout au four pour 20 à 25 minutes, selon le four.

LE NAPPAGE :

* Pour plus de gourmandise, tu peux napper le dessous des barres de céréales avec du chocolat blanc ou noir, selon ce que tu préfères. Fais fondre le chocolat, puis ajoute l'huile de pépins de raisin.

* Trempe le dessous des barres de céréales et laisse-les sécher retournées.

Évidemment, tu peux mettre ce que tu veux dans les barres de céréales tant que tu respectes un peu les doses, tout est OK !

Pancakes fluffy (ou pas, d'ailleurs !).
J'ai deux recettes de pancakes que j'adore vraiment !
Alors je vais te donner les deux, et tu n'auras qu'à choisir !

PANCAKES AUX PÉPITES DE CHOCOLAT

Pas de fluffy, mais OH WAOUUUH comme je les aime !

TA LISTE DE COURSES :

- **300 g** de farine
- **50 g** de sucre
- **2 sachets** de levure chimique
- **Fleur de sel**
- **60 g** de beurre
- **400 g** de lait
- **2** œufs
- **200 g** de pépites de chocolat
- **Huile**

* Dans un cul-de-poule*, mélange toutes les poudres : farine, sucre, levure et fleur de sel.

* Fais fondre le beurre et laisse-le refroidir.

* Verse le lait sur les poudres tout en mélangeant.

* Casse les œufs et ajoute-les au mélange.

* Termine avec le beurre refroidi.

* Ajoute enfin les pépites de chocolat.

> Le secret pour ne pas te prendre la tête : généralement, tu liras « ajoute les œufs à la farine », mais c'est le meilleur moyen d'avoir plein de grumeaux et de craquer parce que ta préparation n'est pas parfaite. Ajoute d'abord la grosse quantité de lait, tout en mélangeant, puis les œufs : tu m'en diras des nouvelles !
>
> Et si tu as raté et qu'il y a des grumeaux, ce n'est pas très grave. Prends un mixeur plongeant ou un autre appareil pour mixer, et mixe ta pâte.

* Fais ensuite bien chauffer une poêle huilée pour que les pancakes ne collent pas, puis verse la quantité d'une louche pour un pancake.

Je les adore et ils me mettent de bonne humeur !
Bon appétit !

Feel-good ++	12 pancakes	40 min de kiff 20 min de chaleur	1 poêle, 1 louche

Feel-good *fluffy au max*	*8* pancakes	*20 min* de kiff *10 min* de chaleur	1 *fouet*, 1 *tamis** 1 *maryse**, 2 *poêles* de même taille

MES PANCAKES FLUFFY DU DIMANCHE

Oui, parce que clairement, tu ne sors pas ces pancakes si tu n'as pas le temps, ce ne sont pas les pancakes que tu fais le jeudi matin, en fin de semaine et complètement crevé du boulot, NOOON ! Attaque un dimanche, prends ton temps pour les faire et apprécier le moment.

TA LISTE DE COURSES :

- **60 g** de farine
- **10 g** de levure chimique
- **Cannelle**
- **Poudre de vanille**
- **40 g** de lait
- **4** œufs
- **40 g** de cassonade
- **30 g** de fécule de maïs
- **Huile**

* Mélange d'abord la farine, la levure, la cannelle et la vanille.
* Ajoute le lait petit à petit tout en mélangeant. Je te conseille de prendre un fouet pour cette partie-là.
* Sépare les blancs des jaunes.
* Mets les jaunes dans la première préparation.
* Monte les blancs en neige avec la cassonade. Si tu as un fouet électrique, c'est pas mal, sinon prends ce moment pour muscler tes biceps.
* Tamise* la fécule de maïs sur les blancs et mélange délicatement à l'aide d'une maryse*. Ne sois pas pressé, prends ton temps pour que la farine adhère bien et que la préparation reste mousseuse.
* La dernière étape : mélange petit à petit les blancs à la première préparation, toujours à l'aide de ta copine la maryse*.
* Laisse ensuite bien chauffer une poêle huilée, fais les pancakes deux par deux sur la poêle, verse quelques gouttes d'eau sur la poêle et referme avec un couvercle, ou avec une poêle de même taille sur le dessus. Laisse cuire 5 à 6 minutes avant de les retourner à l'aide d'une spatule.
* Encore quelques minutes de l'autre côté avec des gouttes d'eau et tu peux débarrasser.
* Il ne te reste plus qu'à dévorer avec l'accompagnement de ton choix.

MIAM régale-toi, régale-toi biiiiiiien, même !

JUS VERT

Pour bien commencer la journée, il faut… boire un grand verre d'eau au réveil. Mais comme il n'y a pas besoin de recette pour ça, je te file les recettes de mes deux jus préférés, c'est ceux que je fais *all the time* !

TA LISTE DE COURSES :

- **2** pommes Granny Smith
- **1** concombre
- **Menthe**
- **1** citron
- **500 g** d'épinards frais

* Lave bien et épluche tous les produits avant de les passer à l'extracteur de jus, à la centrifugeuse ou au mixeur, au choix.

L'extracteur de jus utilise une méthode de pression à froid pour extraire le jus des fruits et légumes. Il préserve mieux les nutriments et les enzymes, car il génère moins de chaleur. Il produit un jus plus concentré et souvent plus savoureux. Il peut également être utilisé pour faire des boissons végétales et des sorbets.

La centrifugeuse fonctionne en tournant à grande vitesse pour râper les fruits et légumes, puis en séparant le jus de la pulpe par force centrifuge. Elle produit un jus rapidement, mais peut générer de la chaleur, ce qui peut détruire certains nutriments. Le jus peut avoir une texture plus légère, mais il contient généralement moins de fibres que celui obtenu avec un extracteur.

Le mixeur broie les fruits et légumes en une purée, sans séparer le jus de la pulpe. Il conserve toutes les fibres, ce qui en fait une option plus rassasiante. Le résultat est une boisson plus épaisse, souvent appelée smoothie, qui contient tous les nutriments des ingrédients. Je te conseille de passer le mélange au tamis* ou au chinois étamine pour retirer les résidus, d'ajouter un peu d'eau et de boire dès que c'est prêt.

Chaque méthode a ses avantages et inconvénients, et le choix dépend souvent des préférences personnelles en matière de texture, de goût et de nutrition.

Et voilà, ça fait un jus de fruits ! 😂

Feel-good *vitamines A, B, C, D, tout l'alphabet !*	*3* verres (ça dépend du verre)	*20 min* de kiff	1 *centrifugeuse* ou 1 *mixeur* (teste et choisis ce que tu préfères) ou 1 *extracteur* ou 1 *blender*

Feel-good *ACE*	*3* verres (ça dépend du verre)	*20 min* de kiff	1 *centrifugeuse* ou 1 *mixeur* ou 1 *extracteur* ou 1 *blender*

JUS ACE

L'appellation ACE fait référence au vitamines A, C et E. La vitamine A est essentielle pour la santé des yeux et le bon fonctionnement du système immunitaire. La vitamine C est connue pour ses propriétés antioxydantes, elle aide également à renforcer le système immunitaire et à améliorer l'absorption du fer. La vitamine E est aussi un antioxydant qui contribue à la protection des cellules et à la santé de la peau.

C'est sans doute mon jus préféré de tous les temps ! Pour la petite histoire, j'ai découvert ce jus quand j'avais 15 ou 16 ans. En faisant les courses dans un supermarché au Portugal, j'ai vu cette célèbre marque qui proposait un jus à la carotte. Déjà curieuse, je voulais le goûter et là, révélation : j'ai adoré ! En grandissant, je me suis dit : « Hey, mais ce jus, je peux peut-être tenter de le faire maison ? » Et me voilà, année après année, à refaire ce jus en y ajoutant toujours un petit truc pour tester des saveurs différentes. Voici donc LA recette que je garde précieusement.

TA LISTE DE COURSES :

- **7** oranges
- **1** citron
- **3** carottes
- **Gingembre**
  (autant que tu veux)

* Épluche bien tous les produits et passe-les à la centrifugeuse ou au mixeur.

Je conseille vraiment de boire le jus dans les 2 heures qui suivent, surtout pour pouvoir bénéficier des bienfaits des fruits frais.

MILK-SHAKE FRAISES-BANANE

Pour tous tous touuuuus mes milk-shakes à base de lait, je prends la même recette et je change uniquement les fruits, c'est pas compliqué.

TA LISTE DE COURSES :

- **310 g** de fraises
- **1** banane mûre
- **450 g** de lait ou de boisson végétale
- **Miel** ou sirop d'érable

* Premièrement, mixe les fraises, la banane et le lait.

Ajoute le miel ou le sirop d'érable (selon ta préférence) après avoir mixé, si ce n'est pas assez sucré pour toi. Sinon, le sucre des fruits suffit clairement.

Doux feel-good	*2 grands* milk-shakes	*10 min* de kiff	1 *mixeur*

Feel-good +++++++	*6* scones	*30 min* de kiff *15-20 min* de chaleur	1 *tamis**, tes *mains*, 1 *cul-de-poule**, 1 *plaque*, du *papier cuisson*

SCONES AUX MYRTILLES ET À LA FLEUR D'ORANGER

C'est une recette que j'affectionne pour son goût, mais aussi parce qu'elle est très satisfaisante à réaliser. J'adore la texture de la pâte, la façonner avec mes mains, la facilité de cette recette... Je l'aime, tout simplement, et j'espère que tu l'aimeras autant que moi. Ici ce sont des myrtilles, mais n'hésite pas à les remplacer par le fruit de ton choix.

TA LISTE DE COURSES :

- **250 g** de farine + un peu pour bouler
- **15 g** de levure chimique
- **Fleur de sel**
- **65 g** de beurre demi-sel froid
- **25 g** de sucre
- **Fleur d'oranger**
- **150 g** de lait demi-écrémé
- **150 g** de myrtilles
- **1** jaune d'œuf

* Préchauffe le four à 200 °C.

* Commence par tamiser* la farine et la levure, puis ajoute la fleur de sel.

* Coupe le beurre en petits morceaux et ajoute-les au mélange farine - levure - fleur de sel.

* Ajoute ensuite le sucre et la fleur d'oranger, puis mélange pour obtenir une texture sableuse*.

* Ajoute le lait petit à petit tout en mélangeant pour obtenir une texture homogène.

* Une fois la pâte prête, travaille-la avec un peu de farine pour en faire une belle boule.

* Termine en ajoutant délicatement les myrtilles à la pâte pour ne pas les abîmer.

* Reconstitue une boule, que tu vas aplatir avant de la couper en 6.

* Fais un mélange de jaune d'œuf et d'eau pour dorer les scones, puis mets-les au four entre 15 et 20 minutes, selon le four.

À l'intérieur, une confiture de myrtille et du beurre demi-sel c'est excellent, mais je ne vais pas t'influencer, fais comme tu le sens.
Tu peux conserver les scones 4 jours dans une boîte bien hermétique.

MUESLI NOISETTES-CHOCOLAT

Le muesli, mon meilleur ami ! Le muesli, c'est le matin, le midi au dessert et souvent, très souvent au goûter... Même le soir en vrai, devant un film, je peux carrément m'en faire un bol. J'ai décidé de faire mon propre muesli pour une question de sucre, ceux en grande surface sont ultra-sucrés et surcotés, alors que c'est d'une facilité déconcertante de le faire soi-même. Bon, et pour être honnête, c'est aussi par souci d'économie : j'en mange tellement qu'il vaut mieux pour moi que j'achète des produits en gros et que je fasse d'énormes bocaux de muesli.

TA LISTE DE COURSES :

- **150 g** de noisettes
- **220 g** de flocons d'avoine
- **60 g** de son d'avoine
- **50 g** de poudre de cacao non sucré
- **1 CAC** de poudre de vanille
- **1 grosse pincée** de fleur de sel
- **70 g** d'huile de noisette
- **100 g** de miel ou de sirop d'érable
- **100 g** de pépites de chocolat

* Préchauffe le four à 160 °C.
* Torréfie* les noisettes pendant 10 minutes, puis laisse-les bien refroidir avant de les concasser.
* Préchauffe ensuite le four à 180 °C.
* Dans un saladier, mélange tous les ingrédients secs (dont les noisettes concassées), sauf les pépites de chocolat.
* En même temps, fais chauffer l'huile de noisette et le miel jusqu'à ce que ça frémisse, puis ajoute-les au mélange d'ingrédients secs.
* Étale le mélange sur une plaque recouverte de papier cuisson et enfourne pendant 20 minutes.
* Ajoute les pépites de chocolat une fois le muesli sorti du four, cela leur permettra de fondre et de se cristalliser* avec le muesli.
* Une fois le muesli refroidi, casse-le en morceaux et mets-le dans un bocal.

Pour le conserver plus longtemps, place du film étirable sur le bocal avant de le refermer avec un couvercle bien hermétique, et n'ouvre plus jusqu'à ce que tu commences à le manger. Généralement, ça me dure 2 semaines.

Feel-good ++	**1 kg**, soit 1 paquet en grande surface	**15 min** de kiff **30 min** de chaleur	1 **plaque de cuisson**, du **papier cuisson**, 2 **bocaux de 500 g** pour la conservation

Feel-good ++	*1* grande tasse	*10 min* de kiff	1 *machine à café*, 1 *mini-fouet* électrique

LE CAFÉ LATTE TROP STYLEYYYYY

Je suis complètement *team* café noir, mais tu comprendras que si je te donne la recette du café noir, ce n'est pas très excitant. Du coup, je te propose une recette satisfaisante à faire le matin ou en plein après-midi : voici le café latte glacé.

TA LISTE DE COURSES :

- **2 expressos** + 2 autres pour faire des glaçons au café
- **1 CAS** de miel
- **Lait** écrémé bien froid
- **Glaçons** ou glaçons au café
- **Cannelle, cacao en poudre ou café moulu**

LES GLAÇONS AU CAFÉ (À FAIRE À L'AVANCE) :

* Prépare deux expressos et laisse-les refroidir.
* Verse-les dans des moules à glaçons et place-les au congélateur. Cela évitera de diluer le latte avec de l'eau et donnera plus de saveur au café latte glacé.

LE CAFÉ LATTE GLACÉ :

* Dans une grande tasse à café, mets le miel.
* Verse ensuite le lait dans la tasse.
* Utilise un mini-fouet pour émulsionner le lait et bien mélanger le miel.
* Ajoute les glaçons au café (ou des glaçons classiques si tu n'as pas encore préparé ceux au café).
* Verse les deux expressos fraîchement préparés dans la tasse. Tu peux en ajouter plus si tu préfères un goût plus prononcé de café.
* Saupoudre de cannelle, de cacao en poudre ou de café moulu pour la touche finale.
* Mélange bien pour que tous les ingrédients soient bien incorporés.

Et voilà, ton « café latte trop styleyyyyy » est prêt à être dégusté ! Profite bien de ce moment de fraîcheur et de saveur.

MANTRA GAB

Chaque matin, réveille-toi en te disant qu'une nouvelle aventure commence. Aujourd'hui, tu vas peut-être accomplir des choses incroyables, et si ce n'est pas le cas, ce n'est pas grave. Toutes les journées ne peuvent pas être exceptionnelles. Sois fier de toi, car tu as quand même avancé un peu plus vers tes objectifs. Même si tu as décidé de te reposer, prends soin de toi, tu as bien raison !

« Fais ce que tu dois faire, jusqu'à ce que tu puisses faire ce que tu veux faire. »

– Oprah Winfrey

RECETTE

PLAYLIST

Electric Light Orchestra - « Mr Blue Sky »

Saint Harison - « ego talkin' »

Joaquin Cornejo ft. Wabi Sabi - « Say No More »

Mayra Andrade - « Tan Kalakatan »

Koffee ft. Jane Macgizmo - « Blazin »

Comment j'ai pensé à ce chapitre ? Comme je l'ai déjà mentionné, la pâtisserie est une véritable thérapie pour moi. Toutes les recettes de ce chapitre sont particulièrement intéressantes en termes de texture. J'espère qu'elles te donneront faim avant même d'arriver à la fin de la recette. Ces créations culinaires ont le pouvoir de t'hypnotiser et de te faire entrer dans une bulle, te permettant de t'évader et de penser à autre chose. Le processus de pâtisserie est une expérience sensorielle complète : la douceur de pétrir la pâte, la satisfaction de voir la pâte lever, l'arôme envoûtant qui se répand dans la cuisine pendant la cuisson… Tout cela contribue à un sentiment de bien-être et de détente. Prends chacune de ces recettes comme une invitation à t'accorder un moment rien qu'à toi, où tu pourras te concentrer sur le plaisir de créer et de savourer. Que ce soit en mélangeant des ingrédients, en observant la transformation des textures ou en dégustant le produit final, chaque étape est une occasion de te reconnecter avec toi-même et de trouver un peu de paix intérieure. J'espère que tu apprécieras ce voyage culinaire autant que moi. Bon voyage et bonne dégustation !

THÉRAPIE

Feel-good doudou	Pour 4 personnes	45 min de kiff 12-15 min de chaleur 2 h de patience	3 cercles à entremets *(facultatif)*

TARTE AU SUCRE AUX FRUITS ROUGES

C'est bien connu, les pizzas ça remonte le moral : quand ça va pas, c'est soirée pizza ! Alors comme je voulais de la « pizza » sur mon compte, j'ai décidé de ne pas revoir mes exigences, mais de les transformer. Devant toi, tu as une tarte au sucre aux fruits rouges, façon pizza !

TA LISTE DE COURSES :

- **80 g** de beurre + pour les cercles
- **300 g** de farine + pour les cercles
- **3 g** de sel
- **50 g** de sucre
- **15 g** de levure boulangère
- **100 g** de lait
- **2** œufs
- **Fruits rouges**
- **Sucre de canne**

* Coupe 50 g de beurre en petits dés, puis place-les au congélateur pendant 30 minutes.
* Mélange d'abord la farine, le sel, le sucre, la levure, le lait ainsi que les œufs et pétris 5 minutes à vitesse lente.
* Ajoute le reste du beurre coupé en dés petit à petit et pétris pendant 8 minutes à vitesse moyenne.
* Laisse pousser 1 heure sous un torchon humide.
* Dégaze la pâte avec le poing et divise-la en 3 parties égales.
* Étale les 3 pâtes, puis mets-les à l'intérieur des cercles préalablement beurrés et farinés (si tu n'as pas de moules, étale-les en cercles réguliers).
* Laisse pousser une seconde fois pendant 1 heure.
* Préchauffe le four à 180 °C.
* Avec les doigts, creuse légèrement la pâte sur toute sa surface, comme une focaccia.
* Mets les morceaux de beurre congelé sur toute la surface de la tarte.
* Dispose une partie des fruits rouges pour la cuisson.
* Termine avec du sucre de canne sur toute la surface de la « pizza tarte au sucre aux fruits rouges ». 😂
* Fais cuire pendant 12 à 15 minutes.
* Laisse refroidir et décore avec de beaux et bons fruits rouges.

MOUSSE AU CHOCOLAT

C'est une recette que j'aime faire, que j'aime préparer, parce que j'aime sa texture ; elle est très satisfaisante. Je considère cette recette comme une recette thérapie, parce qu'il est impossible de la rater. J'ai beaucoup de recettes de mousse au chocolat, mais la raison pour laquelle je décide de te donner celle-ci, c'est tout simplement parce que c'est la plus simple et celle où tu n'as pas besoin d'ingrédients spécifiques, de techniques ou de matériel spécial. Plus facile pour se mettre dans sa bulle.

TA LISTE DE COURSES :

- **4** œufs
- **40 g** de sucre
- **1 CAC** de poudre de vanille (j'adore aussi avec de la fève tonka, mais c'est un peu plus complexe à trouver, teste si tu as l'occasion)
- **150 g** de chocolat noir
- **30 g** de beurre
- **Fleur de sel**

* Commence par séparer les blancs des jaunes d'œufs.

* Fouette les blancs avec le sucre pour faire une meringue.

* Ajoute ensuite les jaunes d'œufs et la poudre de vanille délicatement à l'aide d'une maryse*.

* Fais fondre le chocolat avec le beurre et ajoute une petite partie de la préparation aux œufs en mélangeant intimement* pour que la préparation soit homogène, puis ajoute le reste de la préparation délicatement à la maryse*.

* Termine avec la fleur de sel.

* Verse la mousse au chocolat dans les récipients de ton choix et mets-les au frais pendant 3 à 5 heures. Oui, oui, il faut de la patience maintenant.

* Au moment de la dégustation, n'hésite pas à ajouter des noisettes, du caramel ou ce que tu souhaites pour plus de gourmandise.

Feel-good **x10**	Pour **6** personnes	**20 min** de kiff **3-5 h** de patience	1 **fouet**, 1 **maryse***, **6 ramequins**, *mais si j'étais toi, dans un grand plat où tu pourras taper dedans à la cuillère*

Peanut butter is *feel-good*, en fait !	Pour *6* personnes	*30 min* de kiff *45 min* de chaleur	1 cadre *carré*, *rectangulaire* ou *rond*

MOELLEUX AUX CACAHUÈTES ET AUX FRAMBOISES

POUR LA PÂTE :

- **120 g** de sucre de canne
- **115 g** de beurre mou
- **320 g** de beurre de cacahuète
- **2** œufs
- **210 g** de farine
- **1 sachet** de levure chimique
- **Fleur de sel**
- **Cacahuètes entières grillées non salées** (tu peux les torréfier* toi-même)

POUR LA COMPOTÉE DE FRAMBOISES :

- **4 g** de pectine
- **24 g** de sucre
- **250 g** de framboises
- **Jus de ½ citron**

Attends que ça refroidisse et profite pleinement de ton moment de dégustation ; prends conscience que tu viens de réaliser une véritable pépite !

Ce que j'aime par-dessus tout, bon, OK, ce sont les bananes, mais après les bananes, c'est… le beurre de cacahuète ! J'en suis fan, surtout avec de la framboise. Tu as peut-être déjà vu ce mélange dans les sandwichs américains, beurre de cacahuète et confiture de framboise ? Eh bien, je l'ai adapté façon pâtisserie. J'espère que tu apprécieras !

LA PÂTE :

* Réalise un crémage* avec le sucre et le beurre.

* Ajoute ensuite le beurre de cacahuète et les œufs, puis mélange pour obtenir une texture homogène. Termine avec la farine, la levure, la fleur de sel et les cacahuètes.

LA COMPOTÉE DE FRAMBOISE :

(Tu peux aussi utiliser de la confiture déjà prête, si vraiment t'as la flemme.)

* Mélange la pectine et le sucre. (Si tu n'as pas de pectine, pas de panique, la texture sera un peu plus liquide, mais ça fonctionne quand même. Laisse juste mijoter les framboises avec le sucre plus longtemps.)

* Mets les framboises dans une casserole avec le mélange de pectine et de sucre, à feu doux.

* Mixe les framboises ou écrase-les avec une fourchette, puis dès que le mélange commence à bouillir, retire du feu et ajoute le jus de citron. Tu peux passer la compotée au tamis* pour retirer les pépins, ou les garder si tu préfères (j'adore les pépins de framboise, perso).

LE MONTAGE :

* Préchauffe le four à 180 °C.

* Place d'abord une partie de la pâte dans le cadre.

* Ajoute ensuite la compotée de framboises. Termine en émiettant le reste de la pâte sur le dessus de la compotée de framboises.

* Place le tout au four pour 45 minutes.

BROWNIE AUX NOIX DE PÉCAN

Impossible d'écrire un livre de recettes feel-good sans inclure une recette de brownie extraordinaire avec les meilleures noix qui soient : les noix de pécan. La texture de ce brownie est incroyable, je dois me retenir pour ne pas le manger encore cru. Cette recette te permettra de te concentrer pendant quelques minutes sur tes envies et d'oublier le travail, les problèmes, la paperasse ou les obligations.

TA LISTE DE COURSES :

- **150 g** de noix de pécan
- **200 g** de chocolat noir
- **150 g** de beurre demi-sel
- **120 g** de sucre de canne
- **4** œufs
- **60 g** de crème liquide à 30 %
- **150 g** de farine
- **Fleur de sel**

* Préchauffe le four à 175 °C.
* Commence par torréfier* les noix de pécan.
* Dans une casserole, fais fondre le chocolat et le beurre.
* Dans un cul-de-poule*, mélange le sucre et les œufs, puis verse la préparation au chocolat.
* Ajoute la crème. Attention, ne néglige pas cet ingrédient, la texture du brownie sera bien meilleure avec.
* Incorpore ensuite la farine et la fleur de sel.
* Hache une partie des noix de pécan, puis ajoute-les à la préparation.
* Verse le tout dans le cadre ou le moule préalablement chemisé*, puis place le reste des noix de pécan sur le dessus du brownie.
* Mets au four pour 20 à 25 minutes, selon le four.

Je pense sincèrement que tu n'as rien à ajouter parce que c'est trop bon comme ça, mais libre à toi !

Feel-good +++=+++	Pour *6* personnes	*15 min* de kiff *20-25 min* de chaleur	1 cadre ou 1 moule *carré*, *rectangulaire* ou *rond*

Feel-good !	Pour 6 personnes	50 min de kiff 20-25 min de chaleur

1-2 h de patience 2-4 h au frais	1 moule à tarte, 1 fouet, 1 cercle en inox de 15 cm

BANOFFEE

Cette recette est l'une des préférées de ma meilleure amie. C'est elle qui me l'a fait découvrir et, bien qu'elle habite loin de moi maintenant, ce gâteau reste un lien précieux entre nous. Quoi de mieux qu'une meilleure amie pour se remonter le moral ?

Quand je ne me sens pas au top, en plus de l'appeler, je fais cette recette pour penser à elle. Cela me réconforte et me rappelle les moments que nous avons partagés ensemble. J'adore ce dessert et je suis sûre que tu ne pourras pas faire autrement que l'adorer aussi !

Cette recette n'est pas seulement délicieuse, elle est aussi chargée de souvenirs et d'émotions. Chaque fois que je la réalise, je me souviens de nos fous rires, nos discussions profondes et notre complicité. C'est un véritable voyage gustatif. Alors, mets ton tablier, prépare tes ustensiles et laisse-toi emporter par cette petite douceur qui, je l'espère, deviendra aussi spéciale pour toi qu'elle l'est pour moi.

POUR LA PÂTE SABLÉE :

- **2** œufs
- **60 g** de sucre glace
- **1 pincée** de fleur de sel
- **180 g** de beurre mou
- **170 g** de farine
- **30 g** de fécule de maïs
- **55 g** de beurre demi-sel fondu

POUR LE CARAMEL MOU :

- **20 g** de sucre de canne
- **32 g** de beurre
- **175 g** de lait concentré sucré

POUR LA CHANTILLY :

- **1** gousse de vanille
- **150 g** de crème liquide
- **50 g** de mascarpone
- **6 g** de sucre glace

POUR LE MONTAGE :

- **3** bananes

LA PÂTE SABLÉE :

* Préchauffe le four à 180 °C.

* Sépare les jaunes d'œufs des blancs.

* Fais cuire les jaunes rapidement au micro-ondes ou à la poêle.

* Dans un cul-de-poule*, mélange le sucre, la fleur de sel, les jaunes d'œufs cuits et le beurre.

* Ajoute ensuite la farine et la fécule de maïs.

* Tu peux décider de faire le fond de tarte avant de placer au four, ou d'étaler ta pâte sur une feuille de papier cuisson et faire cuire au four directement pendant 20 à 25 minutes avant de l'émietter pour la mélanger avec le beurre demi-sel, puis mettre le tout au fond d'un moule préalablement chemisé* pour faciliter le démoulage.

* Place ce fond de biscuit au frais une demi-heure et, pendant ce temps, attaque le caramel mou.

LE CARAMEL MOU :

* Fais fondre le sucre dans une casserole ; lorsque le caramel commence à se former, ajoute le beurre dans la casserole. Quand tu as la texture que tu souhaites, ajoute le lait concentré sucré préalablement chauffé (tu peux faire au micro-ondes) tout en mélangeant jusqu'à ce que la préparation épaississe.

* Laisse refroidir un moment avant de verser le caramel sur le biscuit dans le moule.

LA CHANTILLY :

* Place la cuve au frais (cela aide à faire monter la crème).

* Gratte la gousse de vanille.

* Dans la cuve froide, mélange tous les ingrédients et fouette jusqu'à ce que la préparation soit mousseuse, mais pas ferme. Elle figera au frais.

LE MONTAGE :

* Une fois que le caramel est froid, dispose les 3 bananes coupées en rondelles dans le moule.

* Ajoute ensuite la chantilly vanille.

* Termine en plaçant au frais pendant 1 ou 2 heures avant de démouler et de dévorer !

Tu me diras si à la première bouchée tu as eu un sourire bête sur le visage ! Je te rassure, c'est normal !

MANTRA GAB

J'ai aidé beaucoup de femmes à développer leurs projets et à se développer elles-mêmes. Je les appelais « les tigers » – des femmes remplies de talent qui voulaient croire en elles et en un avenir meilleur. Ça a été un rôle que j'ai adoré, et les voir s'épanouir aujourd'hui en tant qu'entrepreneuses avec leurs boutiques, leurs ateliers, leurs produits, c'est un régal ! Mais je n'ai jamais été la coach qui brossait dans le sens du poil. J'ai toujours dit à ces femmes : « Je ne veux pas savoir que c'est difficile, je sais que ça l'est. Je veux savoir comment tu fais pour te sortir de cette phase difficile. » L'important, c'est d'accepter que tout ce qu'on est, c'est ce qu'on fait. Ne pas se trouver d'excuses et chercher des solutions pour obtenir ce qu'on veut !

« Si tu n'aimes pas ta place, bouge, tu n'es pas un arbre. »

– Jim Rohn

SECTION

Comme la pavlova, les cakes, c'est mon dada. C'est très simple et rapide à faire, et pourtant le résultat et le goût sont incroyables. Je me souviens que, petite, je dévorais des quatre-quarts ou des marbrés à 16 h 30 devant mes dessins animés préférés, comme *Angela Anaconda*, *Hamtaro* ou *Les Razmoket*. C'est tellement chaleureux et réconfortant, que ce soit la préparation si simple qui me fait m'évader le temps d'un instant, ou le goût qui me transporte juste parce que c'est bon. Personnellement, quand je me régale, je danse ; j'ai des petits mouvements de danse, de joie, et c'est toujours comme ça avec les cakes. Donc, forcément, il fallait que ces gâteaux soient dans mon livre. Je te donne les recettes de mes cakes préférés et ceux de mes proches. Je vais les pimper un peu, parce que quand même, je fais un livre, lol. Mais tu peux te contenter de ne faire que la préparation du cake et te régaler rapidement.

Petite précision pour cette catégorie, j'adore utiliser de la farine T80 pour mes cakes parce que ça les fait bien monter, mais si tu n'en as pas ou si tu n'en trouves pas, de la T55 ou T45, c'est bien aussi.

CAKES

ÇAKE À LA PISTACHE

Un incontournable sur mon Instagram, alors je décide de partager cette recette ici pour que tu puisses la retrouver facilement. Attention, ce gâteau a rendu fous mes petits neveux. C'est vert, mais c'est bon pour les enfants ! C'est la bonne stratégie pour leur montrer que les légumes peuvent être aussi délicieux que le cake vert qu'ils ont mangé.

POUR LE CAKE PISTACHE :

- **100 g** de beurre mou
- **100 g** de pâte de pistache
- **75 g** de sucre de canne
- **100 g** de poudre de pistache (si tu n'en trouves pas, mixe juste des pistaches)
- **3** œufs
- **40 g** de farine T80 (ou T55/T45)
- **5 g** de levure chimique
- **Fleur de sel**

POUR LA GANACHE CHOCOLAT BLANC :

- **50 g** de crème liquide
- **125 g** de chocolat blanc
- **Pistaches torréfiées* et concassées**

LE CAKE PISTACHE :

* Préchauffe le four à 180 °C.

* Mélange le beurre et la pâte de pistache jusqu'à obtenir un beau crémage*.

* Ajoute ensuite le sucre et la poudre de pistache pour obtenir une texture homogène.

* Incorpore les œufs.

* Termine par la farine, la levure et la fleur de sel.

* Verse le tout dans le moule chemisé*, et fais cuire au four pendant 30 minutes.

LA GANACHE CHOCOLAT BLANC :

* Mets tous les ingrédients dans la casserole et mélange sans t'arrêter.

* Retire du feu une fois que la moitié du chocolat a fondu, puis mélange jusqu'à ce que la totalité du chocolat le soit.

* Laisse refroidir avant de tartiner le cake de chocolat, puis saupoudre de pistaches, évidemment.

Maintenant déguste... et profite !

Feel-good +++	Pour 6 personnes	20 min de kiff 30 min de chaleur	1 moule à cake

Feel-good *acidulé*	Pour *6* personnes	*20 min* de kiff *40-50 min* de chaleur	1 *fouet*, 1 *tamis**, 1 *moule* à cake

CAKE AU CITRON

Combien de fois ai-je raté ce cake au citron, ne trouvant jamais la bonne recette ? Souvent trop amer, avec un goût de savon, trop fort en acidité ou au contraire pas assez. Oh là là, que ce cake au citron m'a fait suer ! Moi, une pâtissière diplômée qui ai participé au *Meilleur Pâtissier*, j'avais carrément honte. Une pression, jusqu'à ce que je goûte le cake au citron de @aube_patisserie_boulangerie_ ! Une merveille, son goût est parfait. Je lui ai demandé la recette, qu'elle m'a donnée, quelle générosité ! Je lui en suis reconnaissante, et encore plus depuis qu'elle a accepté d'être dans mon livre et que vous puissiez en profiter. Merci, cheffe Anissa, vraiment la meilleure !

POUR LE CAKE CITRON :

- **50 g** de beurre
- **40 g** de zeste de citron (4 gros citrons)
- **4** œufs
- **285 g** de sucre glace
- **125 g** de crème liquide
- **30 g** d'huile de tournesol
- **30 g** de jus de citron
- **220 g** de farine
- **11 g** de levure chimique
- **10 g** de graines de pavot

POUR LE SIROP :

- **40 g** d'eau
- **40 g** de sucre

POUR LE GLAÇAGE CITRON :

- **45 g** de jus de citron
- **155 g** de sucre glace

LE CAKE CITRON :

* Préchauffe le four à 165 °C. Fais fondre le beurre et laisse-le refroidir.

* Zeste les citrons. Fouette les œufs, le sucre et les zestes.

* Quand le beurre a refroidi, ajoute-le à la préparation avec la crème, l'huile et le jus de citron.

* Termine avec les poudres tamisées* et le pavot, puis mélange bien.

* Verse dans le moule préalablement beurré et fariné, puis enfourne pendant 40 à 50 minutes, selon le four.

> Pour que le cake soit plus moelleux, Anissa l'imbibe d'un sirop à la sortie du four :

LE SIROP :

* Mélange l'eau et le sucre dans une casserole.

* Fais chauffer le mélange jusqu'à ce qu'il devienne sirupeux.

* À la sortie du four, imbibe généreusement le cake avec le sirop à l'aide d'un pinceau.

* Tu peux aussi utiliser une cuillère pour verser délicatement sur le cake.

LE GLAÇAGE CITRON :

* Mélange le jus de citron et le sucre jusqu'à obtenir une préparation homogène.

* Une fois que le cake est froid, verse le glaçage dessus et laisse-le couler librement. De toute façon, ce sera délicieux !

CAKE À LA NOISETTE

Pour la petite histoire, après une mauvaise nouvelle, j'étais en pleurs, je sanglotais, vraiment ! Comme j'avais un énorme pot de purée de noisette mal rangé devant moi, je me suis lancée dans la préparation d'un cake tout en chialant comme une madeleine. Impossible de m'arrêter, jusqu'à ce que je goûte ma pâte à la noisette, comme une enfant reniflant parce qu'elle est épuisée de pleurer. Je me suis doucement arrêtée tout en goûtant encore et encore cette pâte. L'odeur de la noisette me réconforte depuis ce jour, et j'espère que ça te fera le même effet.

POUR LE CAKE À LA NOISETTE :

- **120 g** de beurre + pour le moule
- **2** œufs
- **110 g** de cassonade
- **170 g** de purée de noisette
- **170 g** de farine + pour le moule
- **11 g** de levure chimique
- **120 g** de crème liquide
- **Fleur de sel**

POUR LA GANACHE AU CHOCOLAT :

- **100 g** de crème liquide
- **100 g** de chocolat noir
- **Quelques noisettes torréfiées***

POUR LE GLAÇAGE ROCHER :

- **50 g** de noisettes
- **200 g** de chocolat noir
- **35 g** d'huile neutre (noisette ou pépins de raisin)

LE CAKE À LA NOISETTE :

* Commence par faire fondre le beurre et laisse-le refroidir.

* Préchauffe le four à 170 °C. Mélange les œufs et la cassonade. Ajoute la purée de noisette, le beurre fondu, la farine et la levure, puis termine par la crème et la fleur de sel.

* Place dans un moule préalablement beurré et fariné, puis au four pendant 40 minutes.

> Une fois que le cake est froid, place au topping. Pour ça, coupe le dessus du cake (la bosse… et n'hésite pas à la manger).

LA GANACHE AU CHOCOLAT :

* Tu peux prendre de la pâte à tartiner ou faire toi-même ta ganache au chocolat : fais chauffer la crème dans une casserole, puis ajoute le chocolat à l'intérieur, mélange et ne t'arrête pas jusqu'à ce que la moitié du chocolat soit fondu.

* Hors du feu, continue à mélanger jusqu'à ce que tout soit bien fondu et homogène. Lorsque le chocolat est froid, nappe le cake avec et fais coller les noisettes sur le dessus du cake. Place-le au congélateur quelques minutes.

LE GLAÇAGE ROCHER :

* Hache les noisettes, fais fondre le chocolat. Ajoute ensuite l'huile.

* Incorpore les noisettes hachées et mélange bien avant de faire couler le glaçage sur le cake bien froid.

Et voilà, n'hésite pas à juste faire le cake à la noisette sans tout le topping, tu as le droit, c'est ta thérapie. 😉

Feel-good *gourmand*	Pour *6* personnes	*30 min* de kiff *40 min* de chaleur	1 *moule* à cake

Feel-good *bizarre*	Pour *6* personnes	*40 min* de kiff *40 min* de chaleur	1 *moule* à cake

CAKE À LA CAROTTE ET À LA NOIX DE COCO

Si tu savais ! Cette recette n'était qu'une succession de tests. Un jour où je voulais un carrot cake, je n'avais plus de farine, mais j'avais de la noix de coco… Après tout, pourquoi pas ?
Je remplace donc la farine par la noix de coco et… échec en texture. Par contre, en goût c'est pas mal du tout, alors je retente avec cette fois-ci la bonne quantité de farine : bingo, mais trop sec… J'ai ajouté de la crème, après tout « on va voir » ! 😂
Après quelques ajustements, la pâte était toujours très moche crue ; en revanche cuite, c'était une pépite !
C'est d'ailleurs devenu un classique pendant longtemps avec mes copines. Je suis heureuse de pouvoir partager avec toi la toute première recette que j'ai créée !

POUR LE CAKE CAROTTE ET NOIX DE COCO :

- **2** carottes
- **4** œufs
- **150 g** de sucre roux
- **200 g** de crème fraîche
- **250 g** de farine
- **11 g** de levure chimique
- **150 g** de noix de coco râpée

POUR LA GANACHE CHOCOLAT BLANC :

- **200 g** de chocolat blanc
- **70 g** de crème liquide

LE CAKE CAROTTE ET NOIX DE COCO :

* Commence par préchauffer le four à 170 °C.

* Épluche et râpe les carottes.

* Bats les œufs avec le sucre.

* Ajoute ensuite les carottes râpées, la crème, la farine, la levure et pour finir la noix de coco râpée. Je te préviens, la préparation est laide, mais une fois cuite, tu obtiens un gâteau moelleux et savoureux, une pépite. Place au four pendant 40 minutes.

LA GANACHE CHOCOLAT BLANC :

* Fais fondre le chocolat blanc doucement au bain-marie ou au micro-ondes, mais attention à ne pas le cuire. Mélange toutes les 30 secondes.

* Fais bouillir la crème. Une fois chaude, verse-la en trois fois sur le chocolat fondu. Mélange bien entre chaque ajout pour que ça fasse un noyau bien brillant.

LE MONTAGE :

Une fois que le cake est bien refroidi, verse le chocolat blanc dessus. Lorsqu'il fige un peu, tu peux zester du citron dessus ou mettre de la noix de coco râpée : c'est encore meilleur.

SECTION

Est-ce que je suis fan de cookies ? NON, absolument pas, mais je sais qu'ils ont le pouvoir de rendre heureux. Faciles à réaliser, ils constituent un bon moyen de faire quelque chose de ses mains, et de le faire bien. Alors, voici la section « cookies ». Je veux que tu te sentes libre à 100 % de revisiter chacune des recettes. L'essentiel, c'est que tu te régales.

Chacun a sa façon d'aimer les cookies. Personnellement, je les aime pas trop épais, mais moelleux à l'intérieur. Je les aime décorés comme des tartes et assez grands pour admirer la beauté d'un biscuit si simple, vu et revu avec plusieurs styles !

On commence avec les cookies aux noisettes et au chocolat ; c'est une recette que j'ai travaillée et retravaillée depuis le confinement : avant ils étaient coulants, et aujourd'hui ils sont gourmands et élégants !

COOKIES

Feel-good +++	*8* cookies	*45* **min** de kiff *12* **min** de chaleur	Des emporte-pièces **ronds** *(si tu veux faire des cookies bien ronds),* 1 **mixeur**, du **papier cuisson**

COOKIES AUX NOISETTES ET AU CHOCOLAT

POUR LE PRALINÉ NOISETTE :

- **220 g** de noisettes
- **30 g** d'eau
- **110 g** de sucre
- **Huile de pépins de raisin ou de noisette** (facultatif)

POUR LA PÂTE À COOKIES :

- **60 g** de noisettes
- **120 g** de beurre mou
- **20 g** de cacao en poudre non sucré
- **180 g** de farine
- **2 grosses pincées** de fleur de sel
- **50 g** de cassonade
- **11 g** de levure chimique
- **30 g** de vergeoise brune
- **1** œuf
- **20 g** de miel
- **100 g** de chocolat (ou des pépites)

LE PRALINÉ NOISETTE :

* Torréfie* les noisettes.

* Fais un caramel avec le sucre et l'eau : attention, ne le mélange pas pour qu'il ne masse pas. Tu peux te contenter de petits coups pour casser le sucre, s'il fait de gros morceaux.

* Lorsqu'il est comme tu l'aimes, débarrasse-le sur une feuille de papier cuisson.

* Quand il est froid, mixe avec les noisettes, jusqu'à ce que tu obtiennes une texture lisse.

* Tu peux ajouter de l'huile de pépins de raisin ou de noisette, si tu vois que tu galères à mixer.

LA PÂTE À COOKIES :

* Torréfie* les noisettes.

* Préchauffe le four à 190 °C.

* Réalise un crémage* avec le beurre et le cacao.

* Ajoute ensuite les produits secs : farine, 1 pincée de fleur de sel, cassonade, levure et vergeoise.

* Termine avec l'œuf et le miel.

* Mixe la tablette de chocolat et ajoute les morceaux à la pâte.

* Forme des boules de 60 g et aplatis-les avant de les mettre au four pendant 12 minutes.

* Une fois sorties du four, aplatis-les encore un peu à l'aide d'une cuillère, puis ajoute ensuite 1 pincée de fleur de sel, les noisettes torréfiées et hachées et, pour que ce soit encore plus fou, ajoute le praliné et tout ce qui pourra rendre ce cookie encore plus gourmand.

COOKIES AUX FRUITS

J'ai toujours voulu en faire, mais je n'en trouvais pas l'occasion. Enfin, pour ce livre, j'ai pris ce temps pour moi et pour pouvoir réaliser la meilleure recette de cookies aux fruits... Bon, OK, celle à mon goût en tout cas, simple pour que toi aussi tu puisses la refaire, et surtout avec des produits que tu peux trouver facilement.

POUR LA PÂTE À COOKIES :

- **125 g** de beurre
- **75 g** de cassonade
- **65 g** de vergeoise brune
- **25 g** de sucre
- **1** œuf
- **Poudre de vanille**
- **Fleur de sel**
- **200 g** de farine
- **11 g** de levure chimique
- **60 g** d'amandes torréfiées* et hachées
- **Groseilles**
- **Myrtilles**
- **Framboises**

POUR LA COMPOTÉE FRAMBOISES-GROSEILLES :

- **24 g** de sucre
- **6 g** de pectine NH
- **150 g** de framboises
- **150 g** de groseilles
- **Jus de 1 citron**

LA PÂTE À COOKIES :

* Préchauffe le four à 180 °C.

* Commence par faire un beurre noisette* et laisse-le refroidir directement au frais.

* Mélange le beurre une fois refroidi avec les sucres et quand la préparation est bien lisse et homogène, ajoute l'œuf, la poudre de vanille et la fleur de sel.

* Ajoute la farine et la levure préalablement tamisées*, puis les amandes.

* Forme des boules de 60 g et aplatis-les sur une plaque recouverte de papier cuisson.

* Coupe des morceaux de groseilles, framboises et myrtilles pour les mettre sur les cookies avant la cuisson.

* Mets au four pendant 12 minutes. Lorsque tu les sors du four, aplatis-les légèrement pour la forme.

LA COMPOTÉE FRAMBOISES-GROSEILLES :

* Mélange le sucre et la pectine.

* Chauffe dans une casserole les framboises et les groseilles avec le mélange de sucre-pectine. À la première ébullition, retire du feu et ajoute le citron.

* Passe au tamis* pour retirer les grains de framboise et de groseille.

LE MONTAGE :

* Quand les cookies sont froids, tu peux faire des pointes de compotée de fruits et ajouter les fruits frais dessus.

* Tu peux aussi mettre des amandes torréfiées* ou des amandes effilées.

J'espère que comme moi, tu apprécieras ce cookie aux fruits, le tout premier de ma vie, juste pour toi ! Si ça, ça ne te donne pas le sourire !

Feel-good +++	10 cookies	45 min de kiff 12 min de chaleur	1 tamis*, 1 plaque de cuisson, du papier cuisson, des cercles en inox de 8 à 12 cm *(ou même des petits cercles à tarte)*

RÉCONFORT

PLAYLIST

Carla prata - « Nevoeiro »

Nenny - « Bússola »

Jorja Smith - « Be Honest »

Jessie Reyez - « Figure »

jenna - « c'était mieux avant »
(bon celle-ci elle fait chialer fort)

Pour être honnête, je crois que le moment où je fais le plus de pâtisseries ou que je passe le plus de temps en cuisine, c'est quand je suis en dep, en PLS, en totale dépression ! J'aime m'enfermer dans ma bulle et faire des choses avec mes mains. Et je ne te parle même pas du moment où je déguste ma préparation. Je choisis toujours des recettes très rapides que je peux dévorer devant ma télé ou sur la terrasse avec un café.

Dans ce chapitre, je te donne mes recettes anti-déprime préférées. Dis-toi que je les fais peut-être au même moment que toi. Si tu en vois passer sur les réseaux, c'est soit que la recette donnait trop envie, soit que quelqu'un est dans le même état que toi.

La seule chose à laquelle tu dois penser, c'est qu'après la pluie vient le beau temps. Tout passe, et si c'est avec un gâteau, c'est encore mieux. N'hésite pas à personnaliser ces recettes, à ajouter ta touche personnelle. La cuisine est un excellent moyen de s'évader et de se recentrer. Alors, prends tes ustensiles, mets-toi à l'aise, et laisse la magie opérer.

Bon appétit et prends soin de toi !

FOOD

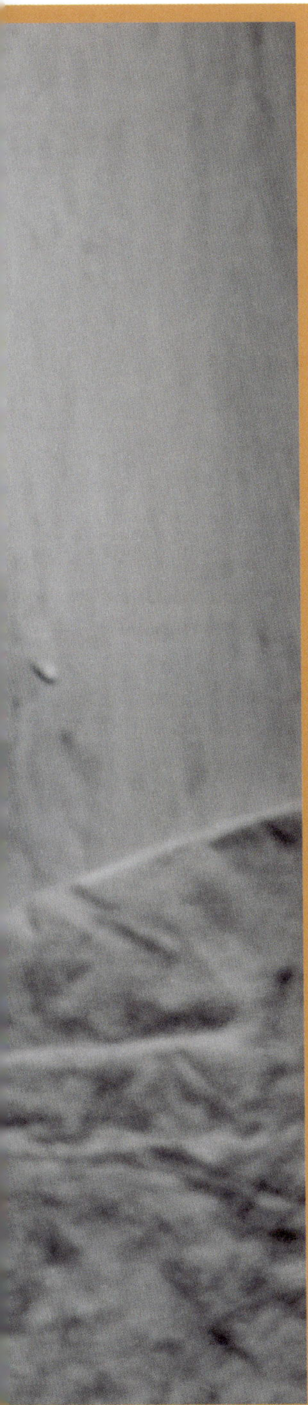

Retrouve *le moral*, c'est déjà pas mal	Juste pour *toi* !
45 min de kiff *30 min* de chaleur	1 *tamis**, du *papier cuisson*, 1 *maryse**

RUSTIQUE AUX PÊCHES ET À LA PISTACHE

Dans le film *Men in Black*, un de mes films préférés, l'agent K donne le conseil à l'agent Jay de « manger une tarte » quand ce dernier lui demande ce qu'il doit faire pendant une situation difficile. C'est exactement ce que je fais quand je vais mal : je me fais une tarte. Comme tu l'as compris, les tartes, c'est vraiment mon dada ! Niveau créativité, tu peux te lâcher et, en matière de saveurs, tu peux tout imaginer et tout faire. C'est pourquoi j'aime autant les tartes : elles captent toute mon attention le temps d'un moment, je m'évade et m'échappe grâce à elles quand je ne suis pas dans mon assiette. J'ai décidé de mettre la « rustique » dans ce chapitre, parce que c'est vraiment la façon la plus simple de faire une tarte. N'hésite pas à la revisiter de toutes les façons possibles ! Éclate-toi, et après ça, j'espère que tu te sentiras mieux.

POUR LA PÂTE SABLÉE :

- **250 g** de farine + pour façonner
- **100 g** de sucre glace
- **30 g** de poudre d'amande
- **Fleur de sel**
- **150 g** de beurre froid
- **1** œuf + **1** jaune d'œuf pour la dorure au montage

POUR LA CRÈME DE PISTACHE :

- **40 g** de beurre pommade*
- **40 g** de sucre glace
- **1** œuf
- **40 g** de poudre de pistache
- **Fleur de sel**

LA PÂTE SABLÉE :

* Commence par tamiser* toutes les poudres ensemble.

* Ajoute la fleur de sel au mélange.

* Coupe le beurre en dés et mélange-le avec les poudres jusqu'à ce que la préparation devienne sableuse* (tu peux le faire à la main ou au robot muni d'une feuille*).

* Ajoute ensuite l'œuf.

* Mélange jusqu'à ce que la préparation soit homogène, mais pas plus. Attention, plus tu travailles la farine, plus tu risques d'avoir une pâte élastique.

* Une fois que la pâte est prête, étale-la entre deux feuilles de papier cuisson à l'aide de farine pour éviter qu'elle ne colle au papier.

* Place-la au frais pendant 30 minutes avant utilisation.

LA CRÈME DE PISTACHE :

(Attention, c'est une préparation dans laquelle tu ne dois pas intégrer d'air, sinon elle risque de gonfler au four et de faire exploser la tarte, donc ne mélange pas au fouet mais plutôt avec une maryse.)

* Mélange le beurre avec le sucre à l'aide d'une maryse*.

* Ajoute ensuite l'œuf. Tu obtiendras sans doute une préparation assez laide, pas de panique.

* Termine avec la poudre de pistache et la fleur de sel, et tu verras que tout rentrera dans l'ordre.

POUR LA GARNITURE :

- **4** belles pêches jaunes ou blanches, tu peux même choisir des nectarines
- **150 g** de pistaches grillées non salées

POUR LE SIROP :

- **70 g** d'eau
- **30 g** de sucre

POUR LA DORURE :

- **1** jaune d'œuf
- Un peu d'eau

LA GARNITURE :

* Coupe les fruits en lamelles, ni trop fines ni trop épaisses.

* Concasse une partie des pistaches.

LE SIROP :

* Mets le tout dans une casserole et attends que la préparation épaississe. Dans la pâtisserie, on parle d'une texture sirupeuse, la texture d'un sirop normal.

LE MONTAGE :

* Préchauffe le four à 160 °C.

* Décolle la pâte sablée des deux côtés des feuilles de papier cuisson.

* Étale ensuite la crème de pistache au centre de la pâte, en laissant un bord d'au moins 5 centimètres.

* Dispose les pêches comme tu le souhaites.

* Rabats les bords de la pâte vers l'intérieur.

* Puis, à l'aide du jaune d'œuf mélangé à un peu d'eau, dore la pâte avant d'ajouter les pistaches concassées autour de la tarte, puis les pistaches entières sur les pêches.

* Enfourne 25 à 30 minutes, selon le four.

* À la sortie du four, étale le sirop à l'aide d'un pinceau ou d'un spray sur la tarte pour qu'elle brille. C'est juste du bling-bling, mais c'est pour l'effet « waouh ». 😉

Feel-good *en douceur*	*10 petits* financiers ou *1 grand* à partager	*45 min* de kiff *10-15 min* de chaleur	1 *cercle* ou n'importe quel moule que tu auras chez toi, 1 *tamis**, 1 *fouet*

FINANCIER AUX AMANDES ET AUX FRAMBOISES

Si tu savais à quel point j'aime les financiers, surtout pour leur goût d'amande ! C'est vraiment la recette anti-gaspillage, feel-good et gourmande que tu pourras faire à la vitesse de la lumière, de quoi retrouver le sourire rapidement ! Ne jette plus jamais les blancs d'œufs qui te restent après une recette.

POUR LA PÂTE :

- **100 g** de beurre + pour le moule
- **100 g** de sucre glace
- **50 g** de farine + pour le moule
- **80 g** de poudre d'amande
- **3** blancs d'œufs

POUR LA COMPOTÉE DE FRAMBOISES :

- **4 g** de pectine
- **24 g** de sucre
- **250 g** de framboises
- **Jus de ½ citron**

LA PÂTE :

* Dans une casserole, fais un beurre noisette*. Quand c'est fait, filtre-le avec un tamis* pour retirer les résidus. Laisse-le tiédir.

* Dans un cul-de-poule*, tamise* les poudres et ajoute les blancs d'œufs, mélange à l'aide d'un fouet. Termine avec le beurre noisette* tiède (ou froid, c'est bien aussi).

* Réserve la pâte 30 minutes au réfrigérateur et, en attendant, prépare la compotée de framboises.

LA COMPOTÉE DE FRAMBOISES :

(Tu peux aussi utiliser de la confiture déjà prête.)

* Mélange la pectine et le sucre. (Si tu n'as pas de pectine, pas de panique, la texture sera un peu plus liquide, mais ça fonctionne quand même. Laisse juste mijoter les framboises avec le sucre plus longtemps.)

* Mets les framboises dans une casserole avec le mélange pectine-sucre, à feu doux. Mixe les framboises ou écrase-les avec une fourchette. Dès que le mélange commence à bouillir, retire du feu et ajoute le jus de citron.

* Tu peux passer la compotée au tamis* pour retirer les pépins ou les garder si tu préfères (j'adore les pépins de framboise).

LE MONTAGE :

* Préchauffe le four à 180 °C. Beurre et farine le moule avant d'y verser la préparation. Ajoute de la compotée de framboises dans le financier avant de le mettre au four pendant 10 à 15 minutes, selon le four.

* Une fois la cuisson terminée, laisse le financier refroidir et si tu le souhaites, étale une quantité généreuse de compotée de framboises sur le dessus.

* Enfin, décore avec des framboises si tu le souhaites. Sinon, dévore-le sans culpabiliser, parce que c'est une pépite, cette recette.

FINANCIER AUX PÉPITES DE CHOCOLAT

Tu sais ce qu'on dit sur le chocolat : anti-déprime garantie ! Cette recette, aussi appelée le « tigré », est un grand classique qui a été repris encore et encore, avec plusieurs formes et différentes saveurs. Je te donne la seule et unique recette qui vaut le coup d'être faite pendant un moment de déprime. Voici la recette du tigré le plus gourmand de tous les temps ! J'espère que tu es prêt à te sentir mieux !

POUR LE FINANCIER AU CHOCOLAT :

- **80 g** de beurre
- **50 g** de poudre d'amande
- **130 g** de sucre glace
- **55 g** de farine
  + pour le moule
- **2 g** de levure chimique
- **Fleur de sel**
- **4** blancs d'œufs
- **150 g** de pépites de chocolat

POUR LE GLAÇAGE ROCHER :

- **300 g** de chocolat au lait
- **70 g** d'huile de pépins de raisin
- **100 g** de noisettes torréfiées* et hachées

POUR LA CRÈME MASCARPONE :

- **150 g** de mascarpone
- **150 g** de crème liquide
- **1** gousse de vanille
- **40 g** de sucre glace

LE FINANCIER AU CHOCOLAT :

* Fais un beurre noisette*.

* Mélange les poudres ensemble et ajoute les blancs d'œufs à l'aide d'un fouet.

* Termine avec le beurre noisette* refroidi et les pépites de chocolat. Attention, si tu mets le beurre chaud dans la préparation, les pépites de chocolat peuvent fondre.

* Préchauffe le four à 180 °C. Beurre et farine le moule avant d'y verser la préparation. avant de le mettre au four pendant 10 à 15 minutes, selon le four.

LE GLAÇAGE ROCHER :

* Commence par faire fondre le chocolat.

* Ajoute l'huile de pépins de raisin et les noisettes.

LA CRÈME MASCARPONE :

Fouette le mascarpone et la crème avec les grains de la gousse de vanille et le sucre, jusqu'à ce que la préparation soit ferme. Attention, pas trop, sinon ça risque de trancher*.

LE MONTAGE :

* Une fois les tigrés refroidis, recouvre-les avec le glaçage rocher et laisse-le figer.

* À l'aide d'une douille ou avec une cuillère, dépose autant de crème mascarpone que tu le souhaites, selon ton envie, et déguste-moi ça...

Alors, tu te sens mieux, hein ?

Feel-good *sans aucun doute*	*10 petits* financiers ou *1 grand* à partager	*30 min* de kiff *15 min* de chaleur	1 *fouet*, des *moules individuels* plutôt profonds de préférence

Feel-good *un peu rebelle* !	*30* craquelés	*30 min* de kiff *12-15 min* de chaleur	1 *tamis**, 1 *maryse**, 1 *plaque de cuisson*, 1 *poche à douille*, 1 *douille* ronde lisse

CRAQUELÉS AU CHOCOLAT

Combien de personnes aimeraient apprendre à réaliser des macarons alors que c'est une vraie prise de tête ? Je te propose de ne pas faire comme les autres et de privilégier les craquelés plutôt que les macarons. Avec cette recette, tu sors des sentiers battus, tu te fais plaisir et tu envoies un « fuck » à tous les chichis des coques de macaron bien rondes. Nous, on veut juste se faire plaisir avec le goût des macarons, sans prise de tête.

POUR LE BISCUIT CHOCOLAT :

- **3** blancs d'œufs
- **150 g** sucre (**112 g** + **37 g**)
- **56 g** de poudre d'amande
- **16 g** poudre de cacao
- **3 g** de farine T55
- **15 g** de noisettes concassées
- **Sucre glace**

POUR LA GANACHE AU CHOCOLAT :

- **70 g** de crème liquide
- **125 g** de chocolat au lait
- **17 g** de beurre

LE BISCUIT CHOCOLAT :

* Préchauffe le four à 170 °C.

* Fais mousser les blancs, puis ajoute une première partie du sucre.

* Ajoute la deuxième partie du sucre pour bien serrer les blancs. En clair, c'est pour que les blancs soient bien fermes.

* Tamise* toutes les poudres ensemble et ajoute-les aux blancs montés à l'aide d'une maryse*. Vas-y tout doucement, avec amour et tendresse.

* Poche des disques sur une plaque recouverte de papier cuisson et saupoudre de sucre et de noisettes concassées.

* Mets au four pendant 12 à 15 minutes.

LA GANACHE AU CHOCOLAT :

* Chauffe la crème jusqu'à ébullition.

* Verse en trois fois sur le chocolat préalablement fondu, en mélangeant bien entre chaque ajout.

* Puis, hors du feu, ajoute le beurre et mélange bien pour que la ganache soit homogène.

* Ensuite, fais preuve de patience jusqu'à ce que la ganache refroidisse.

* Enfin, garnis les craquelés avec la ganache. Et voilà !

Franchement, ça, si t'étais pas bien, ça va te faire sourire et surtout ça fait plaisir de manger des macarons sans se prendre la tête pour la collerette et tout le tralala !

BEIGNETS AUX POMMES

J'ai toujours voulu me faire d'énormes beignets hyper gourmands, mais force est de constater que je n'ai aucun talent pour ça, à mon grand désarroi. Par conséquent, j'ai opté pour des beignets aux pommes très simples, tellement bons et surtout anti-déprime.

POUR LA GARNITURE :

- **4** pommes (les Pink Lady ou Granny Smith, c'est pas mal)
- **Jus de 1 citron**

POUR LA PÂTE :

- **200 g** de farine
- **20 g** de sucre roux
- **1 sachet** de levure chimique
- **Cannelle**
- **Poudre de vanille**
- **200 g** de lait
- **2** œufs
- **Huile pour friture**
- **Sucre** pour la déco

LA GARNITURE :

* Commence par couper les pommes en rondelles et retire le centre. Badigeonne-les de jus de citron pour qu'elles ne noircissent pas.

LA PÂTE :

* Dans un cul-de-poule*, mélange la farine, le sucre roux, la levure, la cannelle et la poudre de vanille.

* Ajoute le lait tout en mélangeant pour éviter les grumeaux.

* Dans un bol, casse les œufs et ajoute-les à la préparation tout en mélangeant.

* Pendant que la pâte repose, fais chauffer l'huile de friture.

* Pour que les pommes soient plus fondantes, tu peux les chauffer quelques secondes au micro-ondes.

* Lorsque l'huile est chaude, plonge les rondelles de pommes dans la pâte, puis directement dans l'huile.

* Laisse cuire les beignets quelques minutes de chaque côté avant de les retirer et de les déposer sur du papier absorbant.

* Lorsqu'ils refroidissent, ajoute du sucre, juste parce que c'est trop bon.

Feel-good	Pour 16 beignets	20 min de kiff 10 min de chaleur	1 fourchette

Feel-good +	Juste pour *toi* !	*3 secondes* Non, j'abuse !	1 *tasse* et 1 *fourchette*

MUG CAKE AU CHOCOLAT ET CRÈME ANGLAISE

Alors cette recette, c'est certainement THE recette que tu vas faire et refaire, parce que c'est la plus rapide et quand tu as juste besoin d'un gâteau au chocolat express parce que tu as une envie de sucré, que tu es devant *Le Meilleur Pâtissier* ou si tu n'aimes pas la glace pour déprimer. GO pour un mug cake de qualité à faire en 2 secondes !

POUR LE MUG CAKE :

- **40 g** de chocolat noir
- **40 g** de beurre
- **35 g** de farine
- **1 CAC** de sucre
- **5 g** de levure chimique
- **1** œuf

POUR LA CRÈME ANGLAISE :

- **180 g** de lait
- **70 g** de crème liquide
- **50 g** de sucre
- **1** gousse de vanille
- **2** jaunes d'œufs

LE MUG CAKE :

* Dans une tasse, fais fondre le chocolat et le beurre.

* Ajoute farine, sucre et levure.

* Mélange, puis ajoute l'œuf.

* Mélange à la fourchette avant de faire cuire 45 secondes à 1 minute dans le micro-ondes. 👌

| Voilà, c'est fait ! Oui oui, je t'avais prévenu, c'est express !

LA CRÈME ANGLAISE :

* Chauffe le lait, la crème, une partie du sucre et les grains de la gousse de vanille.

* Mélange les jaunes avec le reste du sucre.

* Une fois que le lait est chaud, verse une partie sur les jaunes et mélange.

* Remets la préparation dans la casserole à feu doux.

* Fais chauffer à 82 °C, ou cuis à la nappe*.

* Puis verse dans la tasse : même un peu tiède, c'est nickel.

Idéal pour que tu me fasses passer cette petite déprime, vite fait bien fait !

GÂTEAU AU CHOCOLAT

Évidemment qu'il fallait que je te donne la recette simple et efficace du gâteau au chocolat, fondant, coulant et ohlalalalala, si délicieux ! Si tu vois les ingrédients et que tu paniques... fais-moi juste confiance.

TA LISTE DE COURSES :

- **400 g** de chocolat noir
- **270 g** de beurre
- **8** œufs
- **200 g** de sucre
- **Fleur de sel**
- **200 g** de farine

* Préchauffe le four à 190 °C et fais fondre le chocolat et le beurre.
* Fouette énergiquement (si t'as un fouet électrique, c'est cool) les œufs, le sucre et la fleur de sel jusqu'à ce que le mélange blanchisse. (Insiste bien sur le mélange pour que la pâte soit lisse.)
* Ajoute ensuite le mélange chocolat-beurre refroidi à l'aide d'une maryse*, et termine par la farine, toujours à la maryse*.
* Place la préparation au four pendant 20 à 25 minutes, selon le four.
* Laisse bien refroidir 45 minutes avant de le manger, sinon il risque de faire plus fondant que gâteau au chocolat.
* Ça, c'est pépite, tu penseras à moi quand tu diras : « Ah ouaiiiiis ! »

Feel-good *évident*	Pour *4 à 6* personnes *(ou juste pour toi !)*	*20 min* de kiff *20-25 min* de chaleur *45 min* de patience	1 *fouet*, 1 *maryse**, 1 *moule à gâteau*

Feel-good *gourmand*	*4* fingers	*30 min* de kiff *15 min* de chaleur *40 min* de patience	1 *tapis en silicone*, 1 *mixeur*, des *moules en silicone* *(j'ai pris finger, mais même des moules à muffins peuvent faire l'affaire)*

FINGERS CHOCOLAT-BANANE-CACAHUÈTES

Après le succès de mon finger pistache, dont tu peux retrouver la recette sur mon compte Instagram, il fallait absolument que je le revisite avec des saveurs dont je suis fan ! Je te propose donc une recette très très rapide, mais gourmande et surtout anti-déprime. C'est si simple que tu te prendras sûrement au jeu de la revisite et tu auras bien raison !

POUR LE PRALINÉ CACAHUÈTE :

- **30 g** d'eau
- **110 g** de sucre
- **270 g** de cacahuètes non salées
- **Huile neutre** (facultatif)

POUR LA COQUE CHOCOLAT :

- **500 g** de chocolat au lait
- **1** banane

LE PRALINÉ CACAHUÈTE :

* Commence par chauffer l'eau et le sucre pour en faire un caramel. Attention, ne le mélange pas pour qu'il ne masse pas. Tu peux te contenter de petits coups pour casser le sucre s'il fait de gros morceaux. Une fois qu'il est coloré, débarrasse-le sur un tapis en silicone.

* Torréfie* les cacahuètes à 160 °C pendant 15 minutes. Une fois qu'elles sont froides, mixes-en 220 g jusqu'à obtenir une préparation lisse et fluide. Si tu galères à avoir cette texture, n'hésite pas à ajouter de l'huile neutre.

* Ajoute les cacahuètes torréfiées restantes à l'intérieur.

LA COQUE CHOCOLAT :

* Fais fondre le chocolat au bain-marie. Lorsque la moitié est fondue, mélange pour faire fondre l'autre partie.

* Verse la préparation dans les moules et nappe entièrement avant de les placer au congélateur.

* Une fois que le chocolat a bien durci, ajoute le praliné et quelques morceaux de banane.

LE MONTAGE :

* Replace au congélateur quelques minutes avant de refermer les moules avec du chocolat. Pour que ce soit plus joli, hache quelques cacahuètes et place-les sur le chocolat encore mou.

* Replace au congélateur 30 minutes avant de démouler et déguster !

RETIRE TES LUNETTES

On met souvent des lunettes pour cacher ses yeux, ses émotions, les larmes qui ont coulé ou les yeux rouges de fatigue, ou même d'une soirée trop arrosée. Alors, selon cette métaphore sans doute tirée par les cheveux, je te donne la recette de ces biscuits appelé « lunettes » que j'adore, surtout à la myrtille. C'est après en avoir dévoré des industriels que j'ai commencé à devenir dingue des lunettes, ces biscuits moelleux fourrés aux fruits ou au chocolat. Peu importe, maintenant tu as la recette : à toi d'en faire ce que tu veux et de les rendre un peu plus gourmands avec du sucre glace dessus !

POUR LES BISCUITS :

- **1 citron** vert
- **100 g** de sucre glace + pour servir
- **125 g** de beurre froid
- **Fleur de sel**
- **1** œuf
- **250 g** de farine
- **11 g** de levure chimique

POUR LA COMPOTÉE DE MYRTILLES ET MÛRES :

- **100 g** de purée de mûres (ou mûres fraîches)
- **200 g** de purée de myrtilles (ou myrtilles fraîches)
- **20 g** de sucre
- **24 g** de sucre + **6 g** de pectine NH
- **Jus de ½ citron**

LES BISCUITS :

* Commence par faire un crémage* avec les zestes de citron vert, le sucre et le beurre. Ajoute ensuite la fleur de sel et l'œuf. Termine avec la farine et la levure. Ne mélange pas trop la farine et la levure, pour que la pâte ne soit pas élastique.

* Étale la pâte entre deux feuilles de papier cuisson et laisse reposer au frais 1 heure, ou au congélateur 30 minutes si tu es pressé. Elle doit être bien congelée pour que ce soit simple à détailler. Dans chaque paire de biscuits, pense à faire un trou dans un des biscuits pour justement créer la « lunette ».

* Tu peux les replacer un peu au congélateur avant de les passer au four pour qu'elles gardent bien leur forme. La cuisson, c'est 160 °C pendant 15 minutes.

LA COMPOTÉE DE MYRTILLES ET MÛRES :

* Dans une casserole, commence par faire chauffer les mûres et les myrtilles avec le sucre. Une fois que les fruits sont cuits, mixe avec un mixeur plongeant ou écrase à l'aide d'une fourchette. Ajoute le mélange sucre-pectine, et porte le tout à ébullition.

* Hors du feu, ajoute le jus de citron et mixe encore une fois pour avoir une belle préparation. Tu peux la passer au tamis* pour retirer les résidus.

* Débarrasse et filme au contact, laisse la compotée refroidir avant de l'utiliser.

LE MONTAGE :

* Quand les biscuits sont froids, tartine la compotée dans la partie sans trou au centre.

* Referme les deux biscuits et saupoudre de sucre, avant d'ajouter de la compotée de myrtilles et mûres au centre. Et voilà, n'hésite pas à mettre ce que tu aimes le plus : chocolat, caramel, lemon curd, fais-toi plaisir.

Feel-good ++++	*10* biscuits	*40 min* de kiff *15 min* de chaleur *30 min-1 h* de patience	Du *papier cuisson*, 1 *emporte-pièce forme*, 1 *emporte-pièce rond*

Feel-good *à ne pas douter*	*1* brioche	*1 h* de kiff au moins *1 nuit* de patience *30 min* de chaleur	1 *robot*, 1 *moule à cake ou à brioche*, 1 *mixeur*

BRIOCHE FOURRÉE

Même si ce sont les tartes que je préfère réaliser, ce sont les brioches et la pâte feuilletée que je préfère manger dans tout l'univers de la pâtisserie.
Je vais te donner la recette d'une fabuleuse brioche, fais-la en grosse quantité et si tu ne manges pas tout, congèle-la pour pouvoir faire de la brioche perdue ou fourrée.

POUR LA BRIOCHE :

- **100 g** de lait demi-écrémé
- **580 g** de farine T45
- **5** œufs + **1** œuf pour la dorure
- **175 g** de sucre
- **24 g** de levure boulangère
- **263 g** de beurre froid
- **12 g** de sel
- **12 g** de miel
- **60 g** de crème liquide à 30 %

LA BRIOCHE :

Tu vas devoir pétrir à chaque ajout et toujours à petite vitesse. Je te conseille de prendre le crochet* du robot :

* Verse d'abord le lait, la farine et les œufs, puis pétris pendant 5 minutes avant d'ajouter la moitié du sucre, et pétris encore 5 minutes.
* Ajoute la levure et pétris encore 5 minutes.
* Ajoute le beurre, et pétris 10 minutes.
* Ajoute la seconde partie du sucre, le sel et le miel, on devine la suite… pétris 10 minutes.
* Termine en ajoutant la crème et en pétrissant 5 minutes.
* Recouvre d'un torchon humide et laisse reposer 1 heure, puis façonne la pâte pour la mettre dans un plat. Fais-la reposer toute la nuit au frais.
* Si tu n'es pas patient, 3 heures au frais, c'est bien aussi.
* Coupe des morceaux de 80 g et boule-les pour avoir une brioche homogène.

Comment bouler ?

Préparation : prends le morceau de pâte que tu souhaites bouler.

Façonnage : place la pâte sur une surface légèrement farinée.

Mouvement : aplatis la boule et regroupe toute la pâte en son centre pour faire une belle boule lisse. Avec les mains, fais rouler la pâte en effectuant des mouvements circulaires. Utilise la paume de la main et les doigts pour guider la pâte.

Finalisation : continue à rouler jusqu'à obtenir une boule bien lisse et régulière.

POUR LA PRÉPARATION AUX ŒUFS :

- **2** œufs
- **20 g** de sucre
- **200 g** de lait
- **Cannelle ou poudre de vanille** ou les deux

POUR LA GANACHE GIANDUJA :

- **150 g** de noisettes
- **250 g** de chocolat au lait
- **150 g** de sucre glace
- **40 g** d'huile de noisette
- **Fleur de sel**
- **Beurre** pour la cuisson
- **Sucre de canne** pour le montage

* Une fois que tu as terminé de bouler, place les boules de brioche dans le moule, en rang par deux.

* Laisse pousser 1 heure, voire plus si ça n'a pas assez gonflé.

* Pense à la dorure avant de mettre au four à 150 °C pendant 30 minutes. (Si tu as un thermomètre, lorsque la brioche fait 95 °C à l'intérieur, c'est OK !).

* Tu peux glacer* avec un sirop si tu le souhaites.

* Puis, quand tu en as profité pendant deux jours, s'il reste de la brioche, la meilleure façon de la manger, c'est en brioche perdue.

> Bon, une fois que tu as terminé cette partie, on passe à la partie « fourrée » !

LA PRÉPARATION AUX ŒUFS :

* Casse les œufs dans un cul-de-poule* et mélange avec le sucre.

* Ajoute le lait et les épices.

LA GANACHE GIANDUJA :

* Torréfie* les noisettes.

* Fais fondre le chocolat au bain-marie.

* Dans un mixeur, mixe les noisettes et le sucre jusqu'à ce que la préparation soit fluide.

* Termine en ajoutant le chocolat au lait fondu, l'huile de noisette et la fleur de sel.

LE MONTAGE :

* Coupe deux belles tranches de brioche. Fais un creux au centre à l'aide d'une cuillère et place la ganache gianduja. Referme avec une seconde tranche de brioche.

* Plonge ensuite la brioche dans la préparation aux œufs pour enfin la cuire dans une poêle chaude et beurrée.

* Tu peux saupoudrer de sucre de canne pour caraméliser le tout.

* Cuisson aller-retour, régale-toi !

N'hésite pas à placer ce que tu veux à l'intérieur de ta brioche, confiture, pâte à tartiner, praliné, tout ce qui te fera plaisir.

MANTRA GAB

J'ai fait de nombreuses erreurs, comme beaucoup, mais les grosses erreurs, je ne les ai faites qu'une fois. J'ai appris à me protéger en prenant note de tout ce que je ne devais pas refaire si je ne voulais pas souffrir et m'autoramasser à la petite cuillère. Courage à toi ou à la personne pour qui tu prépares cette pâtisserie, ça va aller !

« La folie, c'est de faire toujours la même chose et de s'attendre à un résultat différent. »

– Albert Einstein

PÉCHO OU

PLAYLIST

Soraia Ramos ft. Lisandro - « Bai »

Soraia Ramos - « Nha terra »

Cubitaa Tks - « Beija me »

AYVA - « Saturday »

SANTA - « Popcorn salé »

Suzuya - « Chute d'étoiles »

Grosse dédicace à ma femme : ce ne sont que des musiques qui la concernent et qui me rappellent de beaux moments ou des moments que nous avons affrontés et qui ont renforcé notre couple.

Le meilleur moyen de te séduire toi-même et/ou de séduire ton *crush*, c'est clairement un bon dessert bien fait, bien gourmand, qui a un goût de « reviens-y ». J'ai séduit ma femme avec certains des desserts que tu trouveras dans ce chapitre. Elle-même m'a séduite avec un chausson aux pommes. OUI, OUI, un chausson aux pommes caramélisées, une véritable pépite !

Quand je me sens mal dans ma peau, je me redonne le sourire avec un dessert, je me reséduis moi-même. Ce chapitre est donc fait pour que tu retombes *in love* de toi-même ou que tu réussisses à charmer ton *crush*. Rien de tel qu'un dessert pour apporter un peu de douceur et de bonheur dans la vie, que ce soit pour toi ou pour quelqu'un d'autre.

S'AUTO-PÉCHO

Session pavlovas !

PAVLOVA AUX FRAISES ET À LA NOIX DE COCO

J'aime tellement la pavlova et travailler la meringue ! Cette matière est assez incroyable, offrant des possibilités infinies : saint-honoré, puits, couronne, tarte ou mille-feuille. J'adore la pavlova ! Pour information, j'ai gagné le concours *Le Meilleur Pâtissier : la revanche des finalistes*, qui opposait plusieurs finalistes de l'émission, grâce à une pavlova fraise, verveine et citron en forme de couronne, comme celle-ci. Selon mes proches (même si je ne sais pas s'ils sont objectifs), mes pavlovas sont les meilleures... 😂 Allez, on se lance dans la recette !

POUR LA MERINGUE :

- **500 g** de sucre
- **250 g** de blancs d'œufs

POUR LA COMPOTÉE DE FRAISES :

- **15 g** de sucre
- **3 g** de pectine NH
- **150 g** de purée de fraises
- **Jus de ½ citron**

POUR LA CRÈME DE NOIX DE COCO :

- **200 g** de crème liquide à 30 %
- **100 g** de mascarpone
- **60 g** crème de noix de coco
- **1** gousse de vanille

POUR LE MONTAGE :

- **Fraises fraîches**

LA MERINGUE :

* Commence par faire chauffer le sucre. Attention, ne le fais pas fondre : laisse-le chauffer à une température minimale et remue sans arrêt.

* Monte les blancs en neige petit à petit en ajoutant le sucre en trois fois.

* Laisse monter jusqu'à ce que la meringue soit froide.

* Dessine un cercle au crayon sur une feuille de papier cuisson, et poche la meringue à l'aide d'une douille saint-honoré.

* Ensuite, mets au four à 100 °C pendant 2 heures.

LA COMPOTÉE DE FRAISES :

* Mélange le sucre et la pectine.

* Chauffe la purée de fraises avec le mélange sucre-pectine.

* À la première ébullition, retire du feu et ajoute le jus de citron.

LA CRÈME DE NOIX DE COCO :

* Dans la cuve du robot, mélange la crème, le mascarpone, la crème de noix de coco et les grains de la gousse de vanille jusqu'à ce que la préparation soit ferme.

LE MONTAGE :

* Mets d'abord la compotée dans la couronne de la pavlova.

* Ajoute des fraises fraîches. Ajoute la crème de noix de coco et termine par des fraises fraîches.

C'est plus que feel-good, *c'est le bonheur*	Pour *6 personnes*	*40 min* de kiff *2 h* de chaleur	Du *papier cuisson*, 1 *poche à douille*, 1 *douille saint-honoré*, 1 *robot pâtissier*

Je le redis : « C'est le bonheur ! »	Pour *6 personnes*	*40 min* de kiff *2 h* de chaleur	1 *spatule*, du *papier cuisson*, 1 *poche à douille*, 1 *robot pâtissier*

PAVLOVA AUX MYRTILLES ET AU CONFIT DE CITRON

La grande pavlova de mon Instagram a fait des milliers de vues, elle a régalé beaucoup de personnes et, par conséquent, c'était complètement logique qu'elle soit dans le livre ; avec quelques modifications, forcément.

POUR LA MERINGUE :

- **500 g** de sucre
- **250 g** de blancs d'œufs

POUR LA COMPOTÉE DE MYRTILLES :

- **15 g** de sucre
- **3 g** de pectine NH
- **150 g** de purée de myrtilles
- **Jus de ½ citron**

POUR LE CONFIT DE CITRON :

- **2** citrons
- **35 g** de sucre

POUR LA CRÈME MASCARPONE :

- **200 g** de crème liquide à 30 %
- **75 g** de mascarpone
- **1** gousse de vanille

LA MERINGUE :

* Commence par faire chauffer le sucre. Attention, ne le fais pas fondre, laisse-le chauffer à une température minimale et remue sans arrêt.

* Monte les blancs en neige petit à petit en ajoutant le sucre en trois fois.

* Laisse monter jusqu'à ce que la meringue soit froide.

* Dessine un cercle au crayon sur une feuille de papier cuisson, et poche à l'aide d'une spatule en un puits bien lisse.

* Ensuite, mets au four à 100 °C pendant 2 heures.

LA COMPOTÉE DE MYRTILLES :

* Mélange le sucre et la pectine.

* Chauffe la purée de myrtilles avec le mélange sucre-pectine.

* À la première ébullition, retire du feu et ajoute le jus de citron.

LE CONFIT DE CITRON :

* Zeste les citrons et presse-les.

* Fais chauffer le jus, le zeste et le sucre à feu doux jusqu'à ce que le mélange épaississe.

* Attention, coup de boost garanti !

LA CRÈME MASCARPONE :

* Dans la cuve du robot, mélange la crème, le mascarpone et les grains de la gousse de vanille jusqu'à ce que la préparation soit ferme.

> Pour le montage, à l'aide d'une spatule, c'est très simple : fais-toi plaisir et amuse-toi !

PAVLOVA EXOTIQUE

Tu auras de quoi te régaler ! Je te donne toutes les possibilités de la pavlova, en tout cas toutes mes préférées. N'hésite pas à les réinventer avec tes saveurs préférées, tes envies, ta créativité !

POUR LA MERINGUE :

- **500 g** de sucre
- **250 g** de blancs d'œufs
- **Beurre** pour le cercle

POUR LA COMPOTÉE MANGUE-PASSION :

- **15 g** de sucre
- **3 g** de pectine NH
- **75 g** de purée de mangue
- **75 g** de purée de passion
- **1** mangue
- **1** fruit de la Passion
- **Jus de ½ citron**

POUR LA CRÈME MASCARPONE :

- **100 g** de crème liquide à 30 %
- **100 g** de mascarpone
- **1** gousse de vanille

POUR LE MONTAGE :

- **1** kiwi vert
- **1** demi mangue
- **1** fruit de la passion

LA MERINGUE :

* Commence par faire chauffer le sucre. Attention, ne le fais pas fondre ; laisse-le chauffer à une température minimale et remue sans arrêt.

* Monte les blancs en neige petit à petit en ajoutant le sucre en trois fois.

* Laisse monter jusqu'à ce que la meringue soit froide.

* Graisse un cercle de 18 cm de diamètre et place la meringue à l'intérieur en faisant un creux au centre.

* Ensuite, mets au four à 100 °C pendant 2 heures.

LA COMPOTÉE MANGUE-PASSION :

* Mélange le sucre et la pectine.

* Chauffe les purées de mangue et de passion avec le mélange sucre-pectine.

* Coupe la mangue en petits dés et le fruit de la Passion en deux, puis ajoute les fruits frais dans la compotée dans la purée de passion et de mangue.

* À la première ébullition, retire du feu et ajoute le jus de citron.

LA CRÈME MASCARPONE :

* Dans la cuve du robot, mélange la crème, le mascarpone et les grains de la gousse de vanille jusqu'à ce que la préparation soit ferme.

LE MONTAGE :

Pour le montage, à l'aide d'un cercle, comme toujours, mets la compotée de fruits dans la meringue, puis la crème mascarpone que tu peux pocher comme tu veux. Termine avec les fruits.

Attends, je le re-re-redis : *« C'est le bonheur ! »*	Pour *6 personnes*	*40 min* de kiff *2 h* de chaleur	1 *cercle*, du *papier cuisson*, 1 *poche à douille*, 1 *douille ronde lisse*, 1 *robot pâtissier*

Feel-good *en mode pécho ultime*	Pour *6 personnes*	*1 h* de kiff *10-12 min* de chaleur *4 h* de patience	1 *fouet*, 1 *maryse**, 1 *grand plat*

TIRAMISU

J'ai mis cette recette dans ce chapitre parce que c'est clairement le dessert préféré de ma femme. Elle ADOOOORE le tiramisu. J'essaie toujours de l'améliorer : un biscuit pas trop imbibé, une crème peu sucrée, pas trop de cacao en poudre, mais juste assez. C'est toute une science. 😂 Je sais que lorsque je vais en faire un... je vais re-re-re-pécho ma femme à coup sûr. 😂

POUR LE BISCUIT CUILLÈRE :

- **120 g** de blancs d'œufs
- **70 g** de sucre
- **60 g** de jaunes d'œufs
- **40 g** de fécule de maïs
- **40 g** de farine
- **3** expressos
- **1 CAC** de miel (facultatif)

POUR LA CRÈME :

- **2** jaunes d'œufs
- **10 g** de sucre
- **90 g** de miel
- **250 g** de mascarpone
- **100 g** de crème liquide

LE BISCUIT CUILLÈRE :

* Préchauffe le four à 180 °C.

* Commence par monter les blancs avec le sucre pour obtenir une meringue.

* Ajoute ensuite les jaunes délicatement avec un fouet.

* Continue avec la fécule de maïs et la farine, que tu mélanges avec une maryse*.

* Verse directement sur la plaque et mets au four pendant 10 à 12 minutes, selon le four.

* Tu vas devoir couper le biscuit en deux pour pouvoir faire plusieurs couches de biscuit dans le tiramisu.

LA CRÈME :

* Commence par battre les jaunes et le sucre.

* Dans une casserole, fais chauffer le miel à 120 °C.

* Ajoute-le ensuite au mélange œufs-sucre en fouettant, jusqu'à ce qu'il triple de volume.

* Ajoute 200 g de mascarpone en plusieurs fois.

* Monte la crème en chantilly avec les 50 g de mascarpone restants et ajoute-les avec délicatesse. Amour et tendresse !

LE MONTAGE :

* Commence par placer une partie du biscuit dans le fond du plat et imbibe-le avec le café, que tu peux sucrer avec du miel.

* Dispose la crème, puis une autre partie du biscuit imbibé.

* Encore un peu de crème (un peu ou beaucoup 😂).

* Termine avec du cacao en poudre non sucré.

* Puis maintenant, patience, parce que ça doit figer 4 heures au frais.

GÂTEAU À LA BANANE ULTRA MOELLEUX !

Si tu ne le sais pas encore, les desserts à la banane sont mes préférés : je soûle tout le monde avec ça sur mes réseaux depuis des années, je pourrais écrire un livre sur les bananes tellement j'aime ça ! Mais comme les recettes les plus simples sont les meilleures, voici de quoi tomber *in love* de toi. En tout cas, j'ai été très très fan de moi en trouvant enfin la bonne recette de gâteau à la banane, moelleux et humide, ce que je préfère ! Je trouvais toujours les gâteaux à la banane trop sucrés, pas assez moelleux ou trop secs !
Ma frustration devenait grande. À force, j'ai modifié à ma sauce et là, un vendredi après-midi, j'ai enfin réalisé un gâteau à la banane digne d'un doudou, digne d'un après-midi auprès du feu à regarder des films de Noël ou des films Marvel. Du coup, GO pour la recette !

TA LISTE DE COURSES :

- **120 g** de beurre + pour le moule
- **4** bananes
- **Cannelle**
- **Sucre de canne**
- **50 g** de sucre roux
- **50 g** de sucre
- **3** œufs
- **100 g** de lait
- **150 g** de farine + pour le moule
- **11 g** de levure chimique
- **50 g** de poudre d'amande
- **Sucre glace**

* Préchauffe le four à 170 °C.

* Commence par faire fondre le beurre, pour qu'il refroidisse ensuite.

* Épluche 3 des bananes avant de les couper en rondelles.

* Saupoudre de cannelle et de sucre de canne.

* Mélange les sucres roux et blanc avec les œufs.

* Ajoute le beurre fondu refroidi et le lait.

* Puis incorpore la farine, la levure et la poudre d'amande.

* Ajoute les bananes coupées.

* Verse la préparation dans un moule beurré et fariné. Et selon le moule, coupe la dernière banane pour la placer sur la pâte à gâteau.

* Saupoudre de sucre glace, et mets au four pendant 35 à 40 minutes.

Et BIM, là tu as le gâteau le plus moelleux de ta life, une réelle pépite à faire et refaire ! Tu peux même mettre d'autres fruits. Tu vas devenir dingue de cette recette.

Feel-good ++++++++++++++++++++++++++, *mais vraiment !*	Pour *6 personnes*	*20 min* de kiff *35-40 min* de chaleur	1 *moule à gâteau* ou 1 *cercle de 18 cm de diamètre*

Feel-good *sexy*	Pour *2 personnes*	*1 h* de kiff *30-40 min* de chaleur *1 h 30* de patience

1 *tamis**, 1 *robot pâtissier* ou 1 *fouet électrique*, 1 *emporte-pièce rond* (ou 1 truc rond : bouchon, tasse, verre), 1 *poche à douille*, 1 *douille lisse*, du *papier cuisson*, 1 *tapis en silicone*, 1 *maryse**, 1 *mixeur*

CHOUX À LA PISTACHE ET À LA FLEUR D'ORANGER

Quoi de plus sexy que des choux à la pistache ? Pour la personne à qui tu vas faire cette recette, si tu comptais l'épouser (oui, oui, je suis rapide), dis-toi que c'est tout gagné ! Et si c'est pour te séduire toi-même, j'ai juste une chose à dire : « *Best* idée *ever* ! »

POUR LA PÂTE À CHOUX :

- **250 g** d'eau (tu peux faire **125 g** de lait et **125 g** d'eau, moi je préfère la texture du chou préparé avec juste de l'eau)
- **100 g** de beurre
- **4 g** de fleur de sel
- **150 g** de farine
- **4** œufs (et si la texture est trop sèche, ajoute demi-œuf par demi-œuf)

POUR LE CRAQUELIN PISTACHE :

- **50 g** de beurre mou
- **50 g** de sucre
- **60 g** de farine
- **Fleur d'oranger**
- **15 g** de pâte de pistache

LA PÂTE À CHOUX :

* Fais bouillir l'eau, le beurre et la fleur de sel.

* Verse la farine tamisée* et mélange jusqu'à ce que la préparation ne colle plus aux parois et soit desséchée.

* Débarrasse hors du feu et mélange à l'aide d'un robot pâtissier ou d'un fouet électrique pour que toute la vapeur s'évapore.

* Ajoute les œufs un à un jusqu'à ce que la préparation soit homogène.

* Débarrasse dans la poche à douille et poche des choux selon la façon dont tu aimes les manger.

> Mon conseil : pour la taille des choux, fais selon ce que tu as à la maison, dans le sens où si tu n'as que de petits emporte-pièces pour le craquelin ou que des gros, poche en fonction.

LE CRAQUELIN PISTACHE :

* Avec un batteur, la feuille* du robot ou une maryse*, fais un crémage* avec le beurre et le sucre.

* Incorpore la farine préalablement tamisée*.

* Termine avec quelques gouttes de fleur d'oranger et la pâte de pistache.

* Étale très finement entre deux feuilles de papier cuisson et place au congélateur 30 minutes.

LE MONTAGE :

* Préchauffe le four à 180 °C.

* Une fois que la pâte est prête et que le craquelin est bien froid, poche les choux sur une plaque recouverte de papier cuisson, d'un tapis en silicone ou, encore mieux, d'un tapis Silpain, de façon à ce qu'ils soient bien espacés.

* Détaille ensuite le craquelin à l'aide d'un emporte-pièce à la taille des choux et place les disques dessus.

* Mets au four pendant 30 à 40 minutes, selon le four.

> Mon conseil : n'ouvre surtout pas le four pendant la cuisson.
>
> Et tu peux préparer les choux la veille, ça n'en sera que meilleur.

POUR LA CRÈME DIPLOMATE PISTACHE ET FLEUR D'ORANGER :

- **250 g** de lait
- **1** gousse de vanille
- **4 g** de gélatine (2 feuilles)
- **2** jaunes d'œufs
- **75 g** de sucre
- **25 g** de fécule de maïs
- **50 g** de pâte de pistache
- **Quelques gouttes de fleur d'oranger**
- **30 g** de beurre
- **200 g** de crème liquide à 30 %

POUR LE PRALINÉ PISTACHE :

- **55 g** de sucre
- **15 g** d'eau
- **110 g** de pistaches torréfiées* non salées
- **Huile de pépins de raisin** (facultatif)

LA CRÈME DIPLOMATE PISTACHE ET FLEUR D'ORANGER :

(En fait, c'est une crème pâtissière, mélangée à de la crème montée.)

* Chauffe le lait avec les grains de la gousse de vanille.
* Mets les feuilles de gélatine dans un bol d'eau froide pour les ramollir.
* Mélange les jaunes avec le sucre, puis ajoute la fécule de maïs.
* Termine avec la pâte de pistache et la fleur d'oranger, ajoute le lait chaud et remets le tout dans la casserole jusqu'à épaississement.
* Pour la texture, ajoute la gélatine.
* Puis termine avec le beurre hors du feu.
* Laisse cette préparation refroidir 1 heure au frigo en la débarrassant dans un plat et filme au contact.
* Monte la crème en chantilly. Avant de mélanger les deux crèmes, il faut retravailler la crème pâtissière, puis ajouter la crème montée : d'abord une première petite partie intimement* au fouet pour que ça se mélange bien, puis le reste petit à petit avec une maryse*.
* Tu peux ajouter de la fleur d'oranger selon ton goût.

LE MONTAGE :

* Fais un trou sous le chou à l'aide d'un couteau.
* Garnis ensuite avec la crème pistache.
* Si tu te sens chaud, ajoute un praliné pistache au centre, mais ça, c'est vraiment si t'es chaud !
* Et puis voilà, t'es prêt à pécho !

Bon, au cas où, la recette du praliné pistache. 😉

LE PRALINÉ PISTACHE :

* Fais un caramel avec le sucre et l'eau. Attention, ne le mélange pas pour qu'il ne masse pas. Tu peux te contenter de petits coups pour casser le sucre s'il fait de gros morceaux.
* Lorsqu'il est comme tu l'aimes, débarrasse-le sur une feuille de papier cuisson.
* Quand il est froid, mixe-le avec les pistaches, jusqu'à ce que tu obtiennes une texture lisse.
* Tu peux ajouter de l'huile de pépins de raisin, si tu vois que tu galères à mixer.

Feel-good sexy	Pour 4 personnes, disons 2 parce qu'un *date* à 4, ça peut paraître bizarre
40 min de kiff 45 min de chaleur 1 nuit de patience	1 tamis*, 1 poche à douille, 1 douille lisse ou étoile, 1 fouet

CHOUX À LA VANILLE ET AU CARAMEL

À manger sans fin, c'est le chou qui ravira ton *date* ! Qui te ravira en solo aussi : perso je ne sais pas combien de fois j'ai mangé des choux à la crème en y ajoutant du caramel directement à la cuillère (oui, parce que j'ai toujours un pot de ce caramel dans mon frigo !).

POUR LA PÂTE À CHOUX :

- **250 g** d'eau (tu peux faire **125 g** de lait et **125 g** d'eau, moi je préfère la texture du chou préparé avec juste de l'eau)
- **100 g** de beurre
- **4 g** de fleur de sel
- **150 g** de farine
- **4** œufs (et si la texture est trop sèche, ajoute demi-œuf par demi-œuf)
- **1** jaune d'œuf
- **2 CAS** de lait
- **200 g** de perles de sucre

POUR LE CARAMEL BEURRE SALÉ :

- **200 g** de sucre
- **200 g** de crème liquide
- **20 g** de beurre
- **1 pincée** de fleur de sel

LA PÂTE À CHOUX :

* Préchauffe le four à 180 °C.

* Fais bouillir l'eau, le beurre et la fleur de sel.

* Verse la farine tamisée* et mélange jusqu'à ce que la préparation ne colle plus aux parois et soit desséchée.

* Ajoute les œufs un à un jusqu'à ce que la préparation soit homogène.

* Poche avec une douille lisse ou une douille étoile.

* Prépare une dorure avec le jaune d'œuf et le lait, que tu étaleras à l'aide d'un pinceau sur les choux.

* Parsème de perles de sucre.

* Mets au four pendant 40 à 45 minutes, selon le four.

LE CARAMEL BEURRE SALÉ :

* Dans une casserole, dispose une partie du sucre. Ce sera plus simple que de tout mettre en même temps. À chaque fois que le sucre commence à bien fondre, rajoute-en, et ainsi de suite jusqu'à ce que tu n'aies plus de sucre. Attention : surtout, ne mélange pas le sucre, laisse-le fondre naturellement et secoue la casserole de temps en temps pour faciliter le processus.

* Chauffe la crème et ajoute-la petit à petit tout en mélangeant avec le sucre fondu. Là, tu vas obtenir du caramel.

* Hors du feu, ajoute le beurre, puis la fleur de sel.

POUR LA GANACHE MONTÉE CHOCOLAT BLANC :

- **150 g** de chocolat blanc
- **4 g** de gélatine (**2 feuilles** de gélatine de **2 g**, selon la marque)
- **275 g** de crème liquide
- **1** gousse de vanille

POUR LA CRÈME CHANTILLY :

- **250 g** de crème liquide à 30 %
- **75 g** de mascarpone
- **1** gousse de vanille
- **25 g** de sucre glace

LA GANACHE MONTÉE CHOCOLAT BLANC :

* Commence par faire fondre le chocolat blanc.

* Mets les feuilles de gélatine dans un bol d'eau pour qu'elles ramollissent.

* Fais bouillir la moitié de la crème avec la gousse de vanille fendue.

* Une fois qu'elle est chaude, retire la gousse de vanille, ajoute la gélatine et verse en trois fois sur le chocolat, en mélangeant au centre à chaque fois.

* Quand c'est fait, ajoute la crème froide.

* Filme au contact et laisse au frais toute une nuit avant de fouetter.

* Attention, ne fouette pas trop pour que la préparation ne tranche* pas, arrête-toi dès qu'elle est assez ferme.

Si cette recette est trop compliquée, je te donne également la recette d'une chantilly simple.

LA CRÈME CHANTILLY :

Fais en sorte que tout soit bien froid, puis mélange à vitesse moyenne.

Mon conseil : ne monte pas trop ta crème car elle fige dans le frigo, donc monte au minimum et la crème prendra la bonne texture au frais ! Allez, kiffe maintenant !

LE MONTAGE :

* Tu peux couper les choux en deux ou les garnir par le dessous, comme les choux à la pistache.

* Une fois la crème insérée, avec une douille plus petite, garnis de caramel beurre salé.

* Saupoudre de sucre et tu as des « dunes » façon Gabriella !

Feel-good **de l'amour !**

Pour **6 brioches**

J'avoue que c'est long, il faut de la patience, mais promis ça vaut le détour (je te donne pas de temps, **bloque-toi la journée**) 😂

1 **robot pâtissier**, du **papier d'aluminium**, des **haricots de cuisson**, de la **farine** (ou tout ce qui peut faire un poids), des **moules à insert*** de la taille de tes creux, 1 **chalumeau**

BRIOCHE CRÈME BRÛLÉE

C'est THE recette pour ME pécho ! Ma femme m'a séduite grâce à un chausson aux pommes, et depuis, c'est cette brioche qui continue à renverser mon cœur ! C'est celle qui détruit mes angoisses avec sa simple présence – oui oui, j'ai une « femme thérapie ». 😂 D'ailleurs, nous avons réalisé cette recette à deux. Je ne suis pas la meilleure pour la brioche, et toutes celles de mon livre sont parfaites grâce à elle. Je suis heureuse d'avoir pu faire une recette à quatre mains dans mon tout premier livre de recettes, merci à elle !

POUR LA PÂTE À BRIOCHE :

- **500 g** de farine de gruau
- **6** œufs
- **60 g** de sucre
- **12,5 g** de sel
- **25 g** de levure fraîche
- **300 g** de beurre
- **1** œuf pour la dorure
- **Sucre de canne**

LA PÂTE À BRIOCHE :

* Commence par mettre tous les ingrédients (sauf le beurre, l'œuf pour la dorure et le sucre de canne) dans la cuve du robot avec l'outil qu'on appelle le « pétrin ». Mélange à petite vitesse pendant 5 minutes, avant d'augmenter la vitesse pour encore 5 minutes.

* Coupe le beurre en dés avant de les ajouter à la préparation en plusieurs fois à petite vitesse. Lorsque le beurre est incorporé, augmente la vitesse du robot jusqu'à ce que la pâte se décolle des parois.

* Laisse pointer* la pâte 30 minutes, puis mets-la au congélateur 1 heure, avant de la placer au frais toute la nuit. (Là, tu peux commencer la crème brûlée.)

* Le lendemain, tu peux faire des boules de 80 g que tu laisses pousser 1 à 2 heures dans un coin chaud, proche du four ou du radiateur par exemple, avec un torchon humide dessus.

Petit atelier manuel :

À l'aide de papier d'aluminium, fais une boule de haricots de cuisson et de farine pour que la boule pèse lourd, puis place-la au centre des brioches. Il faut que tu creuses un trou pour pouvoir y mettre la crème brûlée (appuie bien pour que ça ne bouge pas).

POUR LA CRÈME BRÛLÉE :

- **50 g** de lait entier
- **135 g** de crème liquide à 30 %
- **1** gousse de vanille
- **30 g** de sucre
- **3** jaunes d'œufs (garde les blancs pour des financiers ou des pavlovas)
- **Sucre de canne**

* Ensuite, mélange l'œuf avec un peu de sel et dore les brioches, puis recouvre-les de sucre de canne avant de les mettre au four à 145 °C pendant 30 à 40 minutes, selon le four.

* N'hésite pas à creuser un peu les brioches après cuisson si cela n'est pas suffisant.

LA CRÈME BRÛLÉE :

* Préchauffe le four à 100 °C.

* Commence par faire chauffer à feu doux le lait et la crème avec les grains de la gousse de vanille pour qu'elle infuse bien (15 minutes).

* Mélange le sucre et les jaunes, verse une partie de la crème et du lait chauds, mélange bien, puis verse le tout dans des moules à insert* adaptés pour les brioches.

* Place les moules au four à 100 °C pendant 1 heure.

* Laisse-les refroidir et place-les au congélateur 1 heure pour pouvoir les manipuler facilement.

LE MONTAGE :

* Lorsque les brioches sont prêtes, cuites et refroidies, tu peux sortir les inserts de crème brûlée et les placer au centre.

* Saupoudre de sucre de canne et fais flamber au chalumeau.

Voilà, maintenant après toute cette aventure, déguste... C'est une véritable pépite, une merveille gustative, un trop-plein de bonheur ! Normal, tu t'es régalé !

SOIRÉE CHILL

PLAYLIST

Burna boy - « Alone »
Black Panther : Wakanda Forever

Redbone - « Come and Get Your Love »
Les Gardiens de la galaxie

José Feliciano, Jacek Koman, Ewan McGregor - « El tango de Roxanne »
Moulin rouge

Queen - « The Show Must Go On »
Moulin rouge aussi, l'un de mes films préférés.

Damien Rice - « The Blower's Daughter »
Closer, j'adore ce film avec Natalie Portman et Julia Roberts !

Mes soirées… On peut penser que je sors beaucoup, que j'ai la vie folle d'une Parisienne déjantée qui aime parcourir Paris *by night*… Ben non, la plupart de mes soirées c'est vraiment du « Netflix and plaid », même quand il fait chaud : c'est comme la couette, je dois avoir mon plaid pour surkiffer ma soirée.

T'imagines bien que ce chapitre, je l'ai rodé, j'en ai fait, des recettes pour squatter mon canapé, tu peux me faire confiance les yeux fermés.

À travers ce chapitre, rencontre la Gabriella casanière ! 😂

AND PLAID

Glace + film = j'ai vraiment besoin de le dire ?	**Juste pour toi !**	**30 min** de kiff **2 h** de patience	Du **papier cuisson**, des **bâtonnets à glace** : si tu n'en as pas, on s'en fout

GLACE À LA BANANE ENROBÉE DE CHOCOLAT

Je ne sais pas si je l'ai déjà dit, mais je suis une fan absolue de la banane. Je pourrais d'ailleurs écrire un livre uniquement avec des recettes à base de banane ! Quand je suis malade, ce sont les recettes à la banane qui me réconfortent. Quand j'ai trop froid, je veux un gâteau à la banane. Enfin bref, la banane, c'est mon truc. Alors, je me suis fait une liste de recettes à la banane rapides, spéciales soirées *chill* sous un plaid devant Netflix, et cette recette en fait partie : la glace express à la banane !

TA LISTE DE COURSES :

- **2** bananes
- **1 CAC** de poudre de vanille
- **200 g** de fromage blanc
- **200 g** de chocolat noir
- **30 g** d'huile de pépins de raisin

Tu peux faire cette recette avec d'autres fruits ou remplacer le fromage blanc par d'autres produits laitiers assez épais (skyr, yaourt à la grecque, etc.).

* Coupe les bananes en dés.
* Ajoute la poudre de vanille, puis le fromage blanc, et mélange bien.
* Place des petits tas de cette préparation sur une feuille de papier cuisson.
* Place un bâtonnet à glace sur chacun d'eux et laisse reposer au congélateur pendant 1 heure.
* Une fois que les petits tas sont glacés, trempe-les dans le chocolat préalablement fondu et mélangé avec l'huile.
* Laisse reposer minimum 1 heure au congélateur.
* Installe-toi confortablement, mets un bon film et passe un super moment de détente !

RIZ AU LAIT

Est-ce que ce n'est pas la recette la plus régressive du monde ? N'est-ce pas un plaisir de piocher dans un riz au lait bien frais pour se poser devant un film ? Si ce film est lui aussi feel-good et régressif, on est vraiment dans le bon !
J'adore cette recette car c'est aussi la préférée de mes neveux. J'aime en préparer, puis me poser avec eux devant un dessin animé qu'ils ont déjà vu 1 500 fois 😂.
Il existe de nombreuses versions de riz au lait, en voici une que j'affectionne particulièrement.

POUR LE CARAMEL :

- **150 g** de sucre
- **90 g** d'eau
- **Jus de ½ citron**

POUR LE RIZ AU LAIT :

- **700 g** de lait demi-écrémé
- **300 g** de crème liquide
- **70 g** de sucre
- **2** gousses de vanille
- **115 g** de riz rond (ou pour risotto)

LE CARAMEL :

* Commence par faire chauffer le sucre avec 40 g d'eau. Attention : surtout, ne mélange pas le sucre, laisse-le fondre naturellement et secoue la casserole de temps en temps pour faciliter le processus.

* Puis chauffe à fond le reste de l'eau.

* Quand le sucre se transforme en caramel, ajoute l'eau chaude tout en mélangeant, et le jus de citron une fois le caramel pris, puis débarrasse directement dans les ramequins.

LE RIZ AU LAIT :

* Commence par faire chauffer le lait, la crème et le sucre à feu moyen.

* Ajoute les grains de vanille, et tu peux même mettre les gousses dans la casserole.

* Dès que le lait et la crème sont bouillants, ajoute le riz et mélange sans arrêt pendant 40 à 45 minutes, jusqu'à ce que le riz soit cuit.

* Verse directement le mélange dans les ramequins sur le caramel et place-les au frais pendant 1 heure avant de déguster.

> Mon conseil : si tu as trop cuit le riz au lait, il te suffit d'ajouter de la crème froide. Cela ne changera pas la texture du riz, mais modifiera la consistance de la crème.

Feel-good *régressif*	*4 ramequins*	*1 h* de kiff *40-45 min* de chaleur *1 h de patience*	Des *ramequins* ou 1 *grand plat*

Feel-good *fondant* | Pour *4 personnes*

40 min de kiff
20 min de chaleur

1 *moule à gâteau de 18 cm de diamètre*, c'est bien, du *papier cuisson*

CRUMBLE AUX POMMES FAÇON TATIN

Le crumble aux pommes, c'est sans doute le premier dessert que j'ai appris à faire, ça a été la base pendant longtemps de mes soirées *chill*. Un super film à la télé ou un super DVD ? (Y avait pas Netflix, avant !) Vite, un crumble... à décliner sous toutes ses formes ! Préparé 1 heure avant que ma soirée « Netflix and plaid » ne commence et GO ! Alors forcément, je devais mettre cette recette dans mon livre !

POUR LA PÂTE CRUMBLE :

- **75 g** de beurre froid
- **75 g** de cassonade
- **75 g** de farine
- **75 g** de poudre d'amande
- **Poudre de vanille**

POUR LE CARAMEL :

- **50 g** de cassonade
- **50 g** de beurre demi-sel

POUR LES POMMES :

- **4** pommes Granny Smith
- **Jus de 1 citron**

LA PÂTE CRUMBLE :

Dans un cul-de-poule* mélange le beurre coupé en dés, la cassonade, la farine, la poudre d'amande et la poudre de vanille juste avec le bout des doigts, pas la peine d'en faire une boule homogène, il faut juste que tous les ingrédients se mélangent bien.

LE CARAMEL :

* Pendant que tu épluches les pommes, fais un caramel directement à la poêle, c'est simple : saupoudre la poêle de cassonade et laisse fondre doucement (je te conseille de prendre une grande poêle, ça évite la superposition du sucre). Attention : surtout, ne mélange pas le sucre, laisse-le fondre naturellement et secoue la casserole de temps en temps pour faciliter le processus. À la rigueur, tapote-le tranquillement à l'aide d'une spatule.

* Une fois qu'il est fondu, ajoute le beurre et mélange bien pour que le mélange soit homogène.

* Coupe ensuite les pommes en gros morceaux (½ pomme coupée en 4 dans le sens de la longueur), verse le jus de citron sur les pommes pour éviter que les morceaux ne noircissent.

* Quand le caramel est prêt, balance les pommes dans la poêle. Pas d'inquiétude si le caramel durcit à cause du jus des pommes, ça va fondre tranquillement.

LE MONTAGE :

* Préchauffe le four à 180 °C.

* Chemise* un moule avec du papier cuisson et place les pommes caramélisées en forme de rosace, ou balance juste le tout dans le moule, si t'es pas patient. Puis émiette la pâte à crumble sur le dessus des pommes.

* Place au four pendant 20 minutes.

* À la sortie du four, tu as deux options… Soit tu le tapes à la cuillère, soit tu attends bien qu'il refroidisse pour le démouler façon « tarte Tatin ».

* Tu peux mettre de la glace, de la crème fraîche, de la chantilly, enfin bref, plus c'est gourmand, plus tu vas kiffer ta soirée sous le plaid !

Feel-good *chill*	Pour *4 personnes*
30 min de kiff	1 *casserole*, du *papier cuisson*

POP-CORN SPÉCIAL CHILL ET NETFLIX

Je suis plus de la team pop-corn salé, mais quand je le fais maison, ça devient du pop-corn sucré-salé !
Je vais t'apprendre à faire le meilleur pop-corn du monde. Oublie celui en sachet ou celui du cinéma, et dis bonjour à la meilleure recette pour une soirée « Netflix et plaid » parfaite :

POUR LE POP-CORN :

- **100 g** de beurre demi-sel
- **250 g** de grains de maïs
- **Poudre de vanille**
- **60 g** de sucre (tu peux en ajouter plus si ce n'est pas assez sucré à ton goût)

LE POP-CORN :

* Commence par couper le beurre en dés et fais-en fondre une première partie dans une casserole.
* Lorsque le beurre est chaud, verse les grains de maïs dans la casserole et couvre avec un couvercle, à feu moyen.
* Regarde de temps en temps pour voir quand ajouter encore un dé ou deux de beurre, jusqu'à ce qu'il ait imprégné le pop-corn.
* Mélange en permanence sans lever le couvercle.
* Une fois le pop-corn cuit, place-le dans un grand saladier.
* Mélange la poudre de vanille et le sucre, puis saupoudres-en le pop-corn avant de bien mélanger les grains.

POUR LES NOIX DE PÉCAN CARAMÉLISÉES :

- **200 g** de noix de pécan
- **45 g** de sucre
- **25 g** de beurre

POUR LE CARAMEL :

- **200 g** de sucre
- **200 g** de crème liquide
- **20 g** de beurre
- **1 pincée** de fleur de sel
- **100 g** de cacahuètes torréfiées* et salées

LES NOIX DE PÉCAN CARAMÉLISÉES :

* Dans une poêle bien chaude, fais griller les noix de pécan.

* Lorsqu'elles dégagent une bonne odeur, ajoute le sucre et mélange jusqu'à ce qu'il enrobe les noix, puis qu'il fonde en caramel.

* Termine avec le beurre : il faut qu'il soit bien fondu et enrobe toutes les noix. Débarrasse les noix de pécan sur une feuille de papier cuisson et laisse-les durcir pour qu'elles soient croustillantes.

LE CARAMEL :

* Dans une casserole, dispose une partie du sucre. Ce sera plus simple que de tout mettre en même temps. À chaque fois que le sucre commence à bien fondre, ajoutes-en et ainsi de suite jusqu'à ce que tu n'aies plus de sucre. Attention : surtout, ne mélange pas le sucre, laisse-le fondre naturellement et secoue la casserole de temps en temps pour faciliter le processus.

* Chauffe la crème et ajoute-la petit à petit tout en mélangeant avec le sucre fondu. Là, tu vas obtenir le caramel.

* Hors du feu, ajoute le beurre, puis la fleur de sel.

LE MONTAGE :

Verse le caramel, les cacahuètes et les noix de pécan sur le pop-corn, tout ce joyeux petit monde se mélange pour te donner la meilleure expérience possible !

Belle soirée !

Feel-good x 1000	6 ramequins	20 min de kiff 45 min de chaleur 1 h de patience	1 casserole, des ramequins

CRÈME CARAMEL

À la base, je voulais te donner la recette de la crème brûlée, mais comme tu l'as déjà dans la recette de la brioche crème brûlée (p. 109), voici une recette beaucoup trop sous-cotée ! La crème caramel, c'est hyper rapide, très très bon, et pas besoin d'être un grand chef pour la réussir. Personnellement, j'en suis fan et il est rare que je réussisse à n'en manger qu'une. D'ailleurs, comment se fait-il que je n'aie pas mis cette recette bien avant sur mes réseaux ? Je compte sur toi pour lui redonner ses lettres de noblesse !

POUR LE CARAMEL :

- **90 g** de sucre
- **1** fève tonka
- **1** gousse de vanille
- **50 g** d'eau

POUR LA CRÈME AUX ŒUFS :

- **500 g** de lait demi-écrémé
- **4** œufs
- **80 g** de sucre

LE CARAMEL :

* Dans une casserole, fais fondre le sucre avec la fève tonka préalablement râpée ou, si tu n'en trouves pas, les grains d'une gousse de vanille (moi, je mets les deux !). Attention : surtout, ne mélange pas le sucre, laisse-le fondre naturellement et secoue la casserole de temps en temps pour faciliter le processus. Chauffe l'eau à fond au micro-ondes.

* Une fois que le sucre devient un caramel, verse l'eau petit à petit tout en mélangeant.

* Le caramel vanille-tonka est prêt : verse-le dans les ramequins et attends qu'il fige bien avant de mettre la préparation aux œufs par-dessus.

LA CRÈME AUX ŒUFS :

* Préchauffe le four à 130 °C.

* Dans une casserole, mets le lait à bouillir. Mélange les œufs et le sucre.

* Une fois le lait chaud, verse-le doucement sur les œufs sucrés, puis mélange.

* S'il y a beaucoup de mousse en surface, retire-la à l'aide d'une cuillère.

* Pour finir, verse la préparation dans les ramequins par-dessus le caramel.

* Pour la cuisson, place les ramequins dans un plat avec de l'eau à mi-hauteur et laisse au four pendant 45 minutes.

* Puis, après 1 heure au frais, tu peux déguster en renversant ou non dans une assiette.

Bon, à part le côté « patience », tu vois comme c'est simple ! Une fois que tu y auras goûté, tu me diras : « Mais oui, pourquoi c'est si sous-coté ?! »

MES CRÊPES

Je ne pouvais pas écrire un livre sans inclure la recette de mes crêpes : c'est bien simple, c'est ce que nous faisons le plus à la maison. Surtout quand nous décidons de nous faire une soirée saga, que ce soit *Harry Potter*, *Twilight* ou *Avengers*, tu peux être sûr que je vais préparer une tonne de crêpes pour tenir toute la nuit devant nos films. Que ce soit en version sucrée ou salée, je garde exactement la même recette. Oui, cela peut paraître bizarre, mais j'aime le sucré-salé, donc ce n'est pas si terrible de mettre du fromage dans une crêpe à la cannelle, je te promets !

TA LISTE DE COURSES :

- **750 g** de lait
- **50 g** de beurre
- **250 g** de farine
- **1 sachet** de sucre vanillé ou **1 CAS** de sucre
- **1 CAC** de cannelle
- **1 pincée** de sel
- **4** œufs
- **Huile de tournesol**

Tu peux ajouter de la fleur d'oranger, du rhum, des zestes de citron, de la poudre de vanille... Enfin, fais-toi plaisir !

Alors, soit tu as un mixeur et tu balances tout dedans pour avoir une pâte lisse rapidement, soit tu utilises le traditionnel fouet avec quelques petites techniques, je t'explique :

* Chauffe le lait avec le beurre (attention, il ne faut pas que ça bouille trop).

* Dans un cul-de-poule*, fais un puits au centre de la farine et ajoute le sucre, la cannelle et le sel.

* Commence en versant le lait chaud dans le plat tout en mélangeant avec le fouet.

* Bats les œufs dans un bol et ajoute-les à la fin à la préparation. (Normalement, si tu suis bien les consignes, tu n'auras aucun grumeau.)

* Attends que la poêle soit chaude avant de commencer à faire les crêpes, graisse avec de l'huile de tournesol et c'est parti pour 30 minutes de cuisson de crêpes.

Feel-good *(j'ai pas de note, c'est vraiment ce que j'aime le plus faire)*	*20 crêpes*	*10 min* de kiff *30 min* de chaleur pour faire sauter les crêpes	1 *fouet* ou 1 *mixeur*, 1 *poêle à crêpes*

Feel-good *acidulé*	*16 carrés*	*30 min* de kiff *36 min* de chaleur *2 h* de patience	1 *moule fermé* ou 1 *cercle* que tu fermes avec de l'aluminium (la préparation est bien liquide), 1 *fouet*

100 % de kiffance

CARRÉS DE CITRON

Avec cette recette de carrés au citron, naturellement tu vas te mettre à sourire : ça pepse, c'est si moelleux, dense, humide et gourmand qu'en plus de le garder tu le transmets à tes amis, invités, amoureux(ses) facilement !

POUR LE BISCUIT NATURE :

- **170 g** de beurre froid
- **250 g** de farine
- **75 g** de sucre glace
- **Fleur de sel**

POUR LA PRÉPARATION AU CITRON :

- **4** œufs
- **270 g** de sucre
- **60 g** de farine
- **1 pincée** de fleur de sel
- **185 g** de jus de citron frais
- **60 g** de lait entier
- **Sucre glace**

LE BISCUIT NATURE :

* Préchauffe le four à 180 °C.

* Coupe le beurre en petits dés.

* Mélange la farine et le sucre avec le beurre et la fleur de sel, jusqu'à ce que la préparation soit homogène et sablée.

* Répartis la pâte de façon uniforme dans le fond du moule préalablement chemisé*, la couche de biscuit doit être fine.

* Place 15 minutes au congélateur, puis 16 minutes au four.

> N'éteins pas le four, tu vas encore en avoir besoin.

LA PRÉPARATION AU CITRON :

* Baisse le four à 160 °C.

* Fouette les œufs avec le sucre, la farine et la fleur de sel.

* Ajoute le jus de citron et le lait, mélange à fond, puis verse cette préparation sur la première pâte encore chaude.

* Ça part au four pendant 20 minutes.

* Laisse refroidir 2 heures avant de démouler.

* Tu peux maintenant découper des carrés et saupoudrer de sucre.

Obligéééééé tu vas sourire en un rien de temps : tu ne feras pas de régime avec cette recette, mais tu vas sourire, c'est certain !

SECTION

Attention, on arrive à une de mes sections préférées, les tartes ! Si tu me suis depuis un moment, tu n'es pas sans savoir que je suis totalement fan des tartes, je revisite tous les desserts en tarte, comme le tiramisu ou la forêt-noire. Je revisite même les tartes elles-mêmes, et avec la pavlova c'est sans doute une des pâtisseries qui me donnent le plus le sourire. Une belle tarte, ça rend toujours les gens heureux, les possibilités de création sont infinies et c'est rapide à réaliser. D'ailleurs, je te donne un petit conseil dans la section « Mes conseils » (oui, le nom est bien choisi 😂), p. 8, concernant les pâtes des tartes.

TARTES

Feel-good *smouaaaaa !*	Pour *6 personnes*
40 min de kiff *30 min* de chaleur *30 minutes* de patience	1 *cercle à tarte*, du *papier cuisson*, des *haricots* ou *poids de cuisson*, 1 *chalumeau*

TARTE AU CITRON ET FRUIT DE LA PASSION

On commence avec la tarte préférée des Français, mais revisitée : la tarte citron et fruit de la Passion. Si tu cherches une tarte totalement au citron, n'hésite pas à regarder sur mon compte Instagram, tu trouveras ce qu'il te faut.

POUR LA CRÈME AU CITRON ET FRUIT DE LA PASSION :

- **2 citrons**
- **40 g** de purée de fuit de la Passion
- **3** œufs
- **80 g** de sucre glace
- **10 g** de fécule de maïs
- **70 g** de beurre froid

POUR LA PÂTE SUCRÉE :

- **80 g** de sucre glace
- **40 g** de poudre d'amande
- **140 g** de beurre froid
- **1** œuf
- **230 g** de farine
- **Fleur de sel**

LA CRÈME AU CITRON ET FRUIT DE LA PASSION :

* Zeste les citrons.

* Récupère 40 g de jus de citron.

* Chauffe le jus de citron et la purée de fruit de la Passion jusqu'à ébullition.

* Dans un saladier, mélange les œufs, le sucre et la fécule de maïs.

* Ajoute le jus de citron et le fruit de la Passion chaud, mélange et remets le tout dans la casserole jusqu'à ce que le mélange épaississe.

* Quand c'est fait, ajoute le beurre coupé en dés.

* Mélange bien, filme au contact et mets au frais le temps d'arriver au montage.

LA PÂTE SUCRÉE :

* Mélange le sucre, la poudre d'amande et le beurre.

* Ajoute l'œuf, puis la farine et la fleur de sel.

* Dès que la farine est incorporée, arrête de mélanger.

* Étale entre deux feuilles de papier cuisson et place au frais 30 minutes avant de faire ton fond de tarte.

* Puis cuis à blanc* grâce à des haricots de cuisson à 160 °C pendant 10 minutes.

POUR LA CRÈME D'AMANDE :

- **40 g** de beurre pommade*
- **40 g** de sucre glace
- **1** œuf
- **40 g** de poudre d'amande
- **Fleur de sel**
- **½** fruit de la Passion
- **1** citron

POUR LA MERINGUE ITALIENNE :

- **250 g** de sucre
- **60 g** d'eau
- **100 g** de blancs d'œufs

LA CRÈME D'AMANDE :

* Comme pour la pâte à tarte, mélange d'abord le beurre et le sucre.

* Ajoute l'œuf.

* Termine avec la poudre d'amande, la fleur de sel et la moitié du fruit de la Passion.

* Étale dans le fond de tarte et place des zestes de citron dans la crème d'amande.

* Replace au four à 160 °C pendant 15 à 20 minutes.

LA MERINGUE ITALIENNE :

* Commence par faire chauffer le sucre et l'eau jusqu'à 121 °C.

* Si tu n'as pas de thermomètre, attends qu'il n'y ait plus de grains de sucre, à peu près 5 minutes après l'ébullition.

* Fais mousser les blancs, et lorsqu'ils commencent à mousser, verse le sirop en filet, puis laisse monter jusqu'à ce que les blancs refroidissent.

* La meringue doit être bien lisse, ferme et homogène.

LE MONTAGE :

* Sur le fond de tarte cuit, place la crème citron et fruit de la Passion, puis la meringue.

* Chauffe au chalumeau, ou au four en mode gril, pendant quelques minutes (attention, ça peut aller vite).

* Pour la déco, prends la moitié du fruit de la Passion et répartis la pulpe dans les creux de la meringue.

Régale-toi !!!!!
Tu me diras des nouvelles de cette tarte citron et fruit de la Passion.

Feel-good *la claque aller-retour*

Pour *6 personnes*

40 min de kiff
45 min de chaleur
20-30 min de patience

1 *cercle à tarte*, du *papier cuisson*, des *haricots* ou *poids de cuisson*

TARTE À LA MYRTILLE

Une de mes tartes préférées, en fait je crois que la myrtille est un des fruits que j'aime le plus avec la banane, j'adore les recettes à base de myrtille. Que ce soit sucré ou salé, j'en raffole, et cette tarte, même si elle est assez capricieuse au niveau des cuissons, vaut vraiment la peine de faire des allers-retours au four !
Elle ne pourra que te donner le sourire. En tout cas, comme ses copines les autres recettes juste avant, j'espère qu'elle réussira à te mettre dans un bon *mood*.

POUR LA PÂTE SABLÉE :

- **100 g** de beurre
- **50 g** de sucre glace
- **180 g** de farine
- **30 g** de poudre de noisette
- **Fleur de sel**
- **1** œuf
- **20 g** de poudre d'amande
- **800 g** de myrtilles

LA PÂTE SABLÉE :

* Commence par mélanger le beurre coupé en dés, le sucre, la farine, la poudre de noisette et la fleur de sel.

* Mélange à l'aide de la feuille*, ou à la main, ça le fait très bien aussi, jusqu'à ce que tu obtiennes une pâte sableuse*.

* Ajoute l'œuf, puis mélange à nouveau jusqu'à obtention d'une pâte homogène. Comme toujours, ne force pas trop pour éviter d'avoir une pâte élastique.

* Étale la pâte entre deux feuilles de papier cuisson et réserve au frais 20 à 30 minutes avant de travailler le fond de tarte.

* Une fois que tu as fait le fond de tarte, pique la pâte à l'aide d'une fourchette et replace-la au congélateur le temps que le four monte à une température de 180 °C.

* Si tu as peur que la pâte ne retombe, n'hésite pas à placer une feuille de papier cuisson dans le fond de tarte et à mettre des haricots ou des poids de cuisson pour faire une cuisson à blanc*.

* Place au four pendant 15 minutes.

* Pendant ce temps, lave bien les myrtilles et sèche-les pour qu'elles n'aient pas trop d'eau.

* Une fois la tarte cuite à blanc*, place la poudre d'amande dans le fond, puis les myrtilles, et ça repart au four 10 minutes.

* Pendant ce temps, prépare la crème.

POUR LA CRÈME :

- **2** œufs
- **150 g** de crème liquide
- **70 g** de sucre glace
- **1** gousse de vanille
- **800 g** de myrtilles

LA CRÈME :

* Mélange les œufs avec la crème, le sucre et les grains de la gousse de vanille.

* Une fois que les 10 minutes de cuisson de la tarte sont passées, sors-la et verse le mélange sur les myrtilles.

* Encore 20 minutes au four et la tarte à la myrtille est *ready* !

Mon conseil : tu peux la manger tiède avec une boule de glace, de la crème ou autre et tu peux aussi attendre qu'elle soit froide et pocher de la crème montée dessus (voir la recette du banoffee, p. 43).

Feel-good *frais !*	Pour *6 personnes*
40 min de kiff *30-45 min* de chaleur *30 min* de patience	Du *papier cuisson*, 1 *maryse**, 1 *cercle à tarte*

TARTE AMANDINE AUX FRUITS ROUGES

On connaît tous l'amandine à la poire. Comme je n'ai pas la place de mettre toutes les tartes que j'aimerais dans mon livre, sinon tu aurais entre les mains un livre « spécial tartes », j'ai mixé une tarte amandine que j'adore avec une tarte aux fruits rouges. Ce n'était pas possible que j'écrive mon premier livre de recettes sans inclure cette création.

POUR LA PÂTE À TARTE :

- **250 g** de farine
- **40 g** de poudre d'amande
- **50 g** de sucre glace
- **25 g** de sucre
- **1 pincée** de fleur de sel
- **125 g** de beurre mou
- **1** œuf

POUR LA CRÈME AMANDINE :

- **50 g** de beurre mou
- **50 g** de cassonade
- **1** gousse de vanille
- **2** œufs
- **50 g** de poudre d'amande
- **Fleur de sel**
- **Fruits rouges**

Lorsque la tarte est froide (tu peux aussi la manger tiède), ajoute des fruits frais au centre et du sucre glace autour. Tu obtiendras un remix sympa de la tarte aux fraises.

N'hésite pas à adapter cette recette comme tu le souhaites, peut-être en ajoutant un confit de fraise ou une crème en plus. Cette recette est maintenant la tienne.

LA PÂTE À TARTE :

Tu peux faire cette recette de pâte au mixeur si tu as besoin d'aller plus vite.

* Commence par mélanger la farine, la poudre d'amande, les sucres et la fleur de sel.

* Ajoute le beurre, puis mixe ou mélange encore quelques secondes, le temps que la farine soit bien incorporée.

* Ensuite, ajoute l'œuf et mélange encore quelques minutes.

* Étale la pâte entre deux feuilles de papier cuisson, puis place-la au congélateur 30 minutes, c'est mieux.

LA CRÈME AMANDINE :

* Mélange le beurre avec la cassonade à l'aide d'une maryse*, surtout pas au fouet pour éviter d'incorporer de l'air à la préparation.

* Ajoute ensuite la gousse de vanille fendue et les œufs préalablement battus.

* Mélange au mieux pour obtenir la préparation la plus lisse possible. Ne t'inquiète pas si la crème n'est pas très belle, la poudre d'amande va arranger tout ça.

* Termine en ajoutant la poudre d'amande et la fleur de sel.

LE MONTAGE :
MÉTHODE 1 :

* Préchauffe le four à 160 °C.

* Quand la pâte est assez froide, travaille le fond de tarte.

* Pique la pâte à la fourchette.

Tu peux mettre directement la crème amandine, les fruits rouges, et hop, au four pendant 30 minutes ! Ou tu peux choisir la deuxième méthode pour une texture plus moelleuse.

MÉTHODE 2 :

* Place du papier cuisson sur le fond de tarte et des haricots de cuisson pour cuire à blanc* pendant 10 à 15 minutes à 160 °C.

* Au bout de ce temps, garnis avec la crème amandine, ajoute les fruits coupés et replace au four à 180 °C pendant 30 minutes.

Feel-good +++ | Pour 6 personnes

1 h de kiff
35-40 min de chaleur
1 h 30 de patience

Du papier cuisson, 1 cercle ou rectangle à tarte, 1 maryse*, 1 tamis*

TARTE AU CHOCOLAT

J'avais fait une tarte façon forêt-noire à l'une de mes participations à l'émission du *Meilleur Pâtissier* et elle avait fait fureur, mais je dois avouer que l'association chocolat et fruits rouges, c'est pas mon truc... Alors j'ai repris les bases de cette recette et voilà une pure merveille au chocolat !

POUR LA PÂTE SUCRÉE CACAO :

- **120 g** de beurre pommade*
- **2 g** de fleur de sel
- **90 g** de sucre glace
- **1** œuf
- **30 g** de poudre d'amande
- **25 g** de cacao en poudre
- **210 g** de farine T55

LA PÂTE SUCRÉE CACAO :

* Mélange le beurre, la fleur de sel et le sucre.
* Ajoute l'œuf, puis termine avec la poudre d'amande, le cacao et 60 g de farine.
* Ajoute ensuite la farine restante et mélange le moins longtemps possible.
* Étale entre deux feuilles de papier cuisson et laisse au froid environ 30 minutes pour pouvoir foncer le cercle à tarte.
* Préchauffe le four à 160 °C.
* Fonce le cercle, puis mets-le au frais avant de le mettre en cuisson 25 minutes à blanc*.

POUR CHABLONNER :

- **100 g** de chocolat noir

POUR LE BISCUIT CACAO :

- **25 g** de beurre
- **2** œufs entiers
- **65 g** de poudre de noisette
- **65 g** de sucre glace
- **3** blancs d'œufs
- **25 g** de sucre
- **25 g** de farine
- **20 g** de poudre de cacao amer

POUR LE CRÉMEUX CHOCOLAT :

- **105 g** de chocolat noir
- **3** jaunes d'œufs
- **25 g** de sucre
- **125 g** de lait entier
- **125 g** de crème liquide
- **Chocolat à râper**
- **Noisettes torréfiées***

LE BISCUIT CACAO :

* Préchauffe le four à 180 °C.

* Fais fondre le beurre et laisse refroidir.

* Dans un saladier, monte les œufs entiers, la poudre de noisette et le sucre glace.

* Dans la cuve d'un robot, bats les blancs et serre avec le sucre.

* Avec une maryse*, mélange un quart des blancs dans le premier mélange.

* Ajoute la farine et le cacao en poudre tamisés*.

* Puis ajoute le reste des blancs.

* Termine en retirant une petite partie de la pâte, que tu vas mélanger intimement* avec le beurre à l'aide d'une maryse*.

* Puis verse ce mélange avec le reste de la préparation en mélangeant toujours avec la maryse*, et avec amour surtout.

* Étale dans un moule identique à celui où tu vas faire cuire la tarte (pour que ça s'emboîte bien).

* Puis au four à 180 °C pendant 10 à 15 minutes, selon le four.

LE CRÉMEUX CHOCOLAT :

* D'abord, fais fondre le chocolat.

* Mélange les jaunes et le sucre.

* Verse le mélange dans une casserole avec le lait et la crème, puis fais chauffer à feu très doux en ne t'arrêtant jamais de mélanger, jusqu'à ce que la préparation épaississe (cuise à la nappe*) ou atteigne 82 °C, si tu as un thermomètre.

* Verse en trois fois dans le chocolat fondu et mélange.

* Débarrasse dans un plat et couvre au contact.

* Go 1 heure au frais.

LE MONTAGE :

* Dans la tarte cuite à blanc*, ajoute un peu de crémeux chocolat avant de déposer ton biscuit cacao, coupé au même diamètre que la tarte.

* Puis ajoute le crémeux, jusqu'au bord de la tarte.

* Décore avec du chocolat râpé et des noisettes torréfiées.

Feel-good *préféré*	Pour *6 personnes*	*1 h* de kiff *25 min* de chaleur *2 h à 5 h* de patience	1 *tamis**, du *papier cuisson*, 1 *cercle* ou *rectangle à tarte*

TARTE AU CAFÉ

J'aime tous les desserts au café, et il était impensable pour moi d'écrire un livre sans mettre en avant la tarte au café. Légère et sans en faire trop, cette tarte est un véritable délice. J'en ai goûté de nombreuses, et bien que peu m'aient convaincue, celles que j'ai aimées m'ont vraiment fait tomber amoureuse des tartes au café.

POUR LA PÂTE SUCRÉE CAFÉ :

- **75 g** de beurre
- **30 g** de sucre glace
- **4 g** de fleur de sel
- **4 g** de café soluble
- **1** œuf
- **25 g** de poudre d'amande
- **115 g** de farine T55

POUR LA CRÈME DE CAFÉ :

- **40 g** de beurre mou
- **40 g** de sucre glace
- **3 g** de café soluble
- **1** œuf
- **40 g** de poudre d'amande
- **Fleur de sel**
- **1** expresso

LA PÂTE SUCRÉE CAFÉ :

* Coupe le beurre en petits dés.

* Mélange-les au sucre, à la fleur de sel et au café soluble écrasé dans le bol du robot ou dans un cul-de-poule*, jusqu'à obtenir une préparation homogène.

* Ajoute l'œuf, puis la poudre d'amande.

* Termine par la farine tamisée* (ne mélange jamais trop longtemps la pâte).

* Étale la pâte entre deux feuilles de papier cuisson et laisse reposer 1 heure au frais.

* Préchauffe le four à 160 °C.

* Fonce le moule et replace au frais pendant au moins 15 minutes.

LA CRÈME DE CAFÉ :

* Commence par crémer* le beurre, le sucre et le café soluble.

* Ajoute l'œuf.

* Termine avec la poudre d'amande et la fleur de sel.

* Verse cette préparation sur le fond de tarte avant d'enfourner à 160 °C pendant 25 minutes.

* Imbibe directement à la sortie du four la crème d'amande avec l'expresso.

POUR LE CRÉMEUX CAFÉ :

- **2 g** de gélatine
- **28 g** de café en grains
- **113 g** de chocolat blanc
- **125 g** de crème liquide à 30 %
- **125 g** de lait
- **2** jaunes d'œufs
- **25 g** de sucre

POUR LA CRÈME MASCARPONE AU CAFÉ :

- **3 g** de café soluble
- **25 g** de sucre glace
- **100 g** de mascarpone
- **200 g** de crème liquide

LE CRÉMEUX CAFÉ :

* Fais ramollir la gélatine dans un bol d'eau froide.

* Concasse les grains de café.

* Fais fondre le chocolat blanc au bain-marie.

* Fais bouillir la crème et le lait, puis ajoute le café.

* Laisse infuser à couvert pendant 10 à 15 minutes.

* Mélange les jaunes d'œufs et le sucre.

* Verse le lait dans la préparation aux œufs et mélange jusqu'à ce que ça soit lisse.

* Passe la crème au chinois pour retirer les morceaux de café (sauf si tu trouves que la crème n'est pas assez forte en café).

* Reverse la crème infusée et le mélange aux œufs dans la casserole, puis fais cuire jusqu'à 83 °C, ou jusqu'à ce que la préparation nappe la cuillère.

* Quand la préparation atteint les 83 °C, tu peux ajouter la feuille de gélatine préalablement essorée.

* Quand c'est fait, verse la crème en trois fois sur le chocolat fondu et émulsionne* pour obtenir un noyau brillant.

* Quand la tarte est froide, verse le crémeux sur le fond de tarte jusqu'au bord. Réserve au froid pendant au moins 4 heures.

LA CRÈME MASCARPONE AU CAFÉ :

* Mélange le tout dans une cuve ou un saladier froid.

> Attention, la chantilly se raffermit rapidement, alors ne mélange pas trop longtemps.

LE MONTAGE :

* Poche la crème comme tu le sens : ici c'est poché, mais si tu n'as pas la méthode, teste avec un pochage simple ou avec une cuillère de crème sur chaque part de tarte.

Conclusion

J'espère que toutes mes recettes t'apprendront à lâcher prise, à faire le vide et à vivre le moment présent. Il m'a fallu beaucoup de temps pour comprendre que « rien ne s'écroule si je prends un peu de temps pour moi ». Et encore aujourd'hui, je ne suis pas un modèle du lâcher-prise – je crois même que je suis tout le contraire. Mais j'ai réussi à me trouver des moments de paix, de régénération de mes batteries.

Chaque jour, je prends conscience que si je ne vais pas bien, les choses autour de moi n'iront pas bien non plus. Fais de toi ta priorité. Si tu veux assurer dans tes différents objectifs, tu dois te comprendre et t'écouter. Si tu veux avancer, avance. « Relève la tête », pense à tes objectifs et fonce. Tout est possible si tu t'en donnes les moyens. N'attends pas que tes rêves viennent à toi ; fais bouger les lignes, casse les codes, défends-toi, et n'aie pas peur de montrer que tu es là.

Choisis des moments pour te retrouver et faire le plein de ta batterie, puis FONCE.

« Tout ce que l'esprit peut concevoir et croire, il peut le réaliser. »

– Napoleon Hill

À bientôt.
Ta meilleure pote des réseaux, G.

Merci !